Eike-Jürgen Tolzien
Anneliese Löffler

Das kleine Buch der Freiheit

D1731052

Eike-Jürgen Tolzien
Anneliese Löffler

Das kleine Buch der Freiheit

Verantwortung – Glaubwürdigkeit – Gerechtigkeit

Einladung zum Engagement

ZEITDOKUMENT 2015

Prof. Dr. Anneliese Löffler
Literaturwissenschaftlerin

Eike-Jürgen Tolzien
Widerständler

Bedenkzeiten

Freiheit und Verantwortung

Eine Einladung zur Freiheit mit
einem „Herzlichen Willkommen"
in unserem schönen Deutschland

Europa!

Die Leser dieses Buches werden darum gebeten, sich selbstbewusst in die Prozesse unserer demokratischen Entwicklung in der Bundesrepublik Deutschland einzubringen, wann immer es notwendig, angebracht ist bzw. sinnvoll erscheint.

Dieses Werk entspricht der festen politischen Überzeugung beider Autoren.

Das Buch könnte an vielen Orten unseres Landes geschrieben worden sein.

Prof. Dr. Anneliese Löffler,
Eike-Jürgen Tolzien

Berlin, im Juli 2015

Vorbemerkung

Noch gut in Erinnerung ist mir der Aufruf von Bärbel Bohley 1989/90, dass diejenigen, die in der DDR Verantwortung getragen haben, sich erst einmal für eine gewisse Zeit zurücknehmen sollten. Dies habe ich nicht getan.

Warum auch? Vielmehr ermunterte mich Michael Gorbatschow. Seine neue Politik von Glasnost und Perestrojka seit 1986 war für viele DDR-Bürger inspirierend. Begonnen hat das eigentlich schon, als ich nach langer Zeit wieder einmal die sowjetische Zeitschrift Sputnik in die Hände bekam. Gorbatschow selbst schrieb in jener Ausgabe von einem Bauern, der nach Feierabend sein eigenes Feld bestellte und die Erträge verkaufte. Er schrieb, dass beide mit dem Handel zufrieden waren. Für den einen klingelte es in der Kasse und der andere erhielt frische, gerade erst geerntete Früchte. Das stand für eine neue Wirtschaftspolitik, in der ein Produzent seine Produkte vermarkten konnte. Es gab eine neue gesellschaftspolitische Offenheit der KPdSU-Funktionäre zu den alltäglichen Problemen des Volkes.

Mein Leben galt Jahrzehnte allein der Literatur und so sollte es auch weiterhin sein. Ich hatte schon lange eine politische Kraft erhofft, die das Ideal einer freien, gerechten Menschengemeinschaft tatsächlich erzielen wollte. Somit verabschiedete ich mich Ende der 80er Jahre von der SED. Dies war keine Heldentat zu einer Zeit, als das illusionäre Gefüge der DDR schon allenthalben zu zerbrechen drohte. Aber ich wollte mir, so weit in meinem Lebensalter noch denkbar, gerade jetzt neue Vorstellungen von einem Leben in Gerechtigkeit und Würde erarbeiten.

Ich tat es, indem ich Menschen half, ihre Erfahrungen, manchmal sehr schlimme, in Worte zu kleiden, aufzuschreiben und publik zu machen. Oder ich tat es mit öffentlicher politischer Arbeit für die Rechte derer, die um Gerechtigkeit baten, oder schon wieder bedrängt wurden. Und so tue ich es auch, indem ich das aufschreibe, was mein Leben als Literaturwissenschaftlerin in all seinen Widersprüchen vielleicht unseren Nachkommen vermitteln kann.

Ohne Menschen dabei an den Pranger zu stellen.

Prof. Dr. Anneliese Löffler

Vorwort

Dieses „kleine Büchlein der Freiheit" soll dem Guten dienen, soll zum Nachdenken anregen, vielleicht sogar Veränderungen herbeiführen, zumal es mit einem freundlichen Lächeln auf den Lippen geschrieben wurde. Es soll den derzeitigen Zeitgeist stetiger Veränderungen reflektieren - und „Wir haben dem Volk aufs Maul geschaut". Die Leser sollten sich nach dem Grundsatz angesprochen fühlen: „Dies geht auch mich persönlich etwas an", denn schon morgen könnte dies alles auch auf einmal auf mich als Staatsbürger zutreffen.

Es geht um eine unaufhörliche Wende in allen Bereichen unserer Menschheit - und dies national, europäisch und weltweit.

Also nicht nur „Wir sind das Volk" oder „Wir sind ein Volk", sondern „Ihr Völker dieser Welt" habt eine gemeinschaftliche Verantwortung für all das, was die Menschengemeinschaft weltweit mit der Mutter Erde und vielen Menschen anrichtet. Für das Erbe unserer Erde sind wir gemeinschaftlich aufgefordert, täglich dem entgegenzutreten, was der Menschheit und dem Leben die Freiheit nimmt!

Dieses Buch soll Denkanstöße geben, soll vermitteln und dazu beitragen, der Demokratie auf die Sprünge zu helfen.

Es wird viel zu viel diskutiert, jeder möchte am liebsten Recht haben und auf seinem Recht bestehen. Wenn das Recht aber allein auf der Seite der Mehrheit verankert ist, bedeutet dies noch lange nicht, dass die Ansicht der Mehrheit auch rechtens ist.

Wenn von der Mehrheit verkündet wird, „In Europa wird jetzt deutsch gesprochen", steht dies in einem krassen Gegensatz eines gemeinsamen Europa mit seiner Sprachenvielfalt.

Geschrieben mit Herz und Verstand, um damit jedem Leser ein freundliches Lächeln zu entlocken, mit dem er uns sagen möchte: „Das gefällt mir!"

Dieses Buch ist auch ein Buch für Schichtarbeiter, Brummi-Fahrer und Stammtisch-Politiker, für jede Familie, für jedermann - denn irgendwie steckt doch in uns allen ein rechtsbewusster Mensch! Niemand wird ausgegrenzt! Na dann – schauen wir mal!

Warum wurde „Das kleine Buch der Freiheit" geschrieben?

„Das kleine Buch der Freiheit" wurde geschrieben, um das menschliche Bewusstsein wach zu halten, zu schärfen und wesentliche Eindrücke festzuhalten.

Dieses Buch ist wie ein Panoramablick nach vorn und auch zurück und soll anschaulich machen, was uns Menschen diese „kleine Freiheit" gibt, sobald wir uns mündig, selbstbewusst, aufrichtig, kritisch, aktiv und überlegt gesellschaftlich beteiligen und die Mitwirkung an Veränderungen wichtig wird.

Von Anfang bis zum Ende zeigt dieses Buch auf, wie wertschätzend es ist, sich in die Politik mit einzubringen und dies wahrhaftig, gütig und mit Sachverstand.

Im Mittelpunkt steht immer der Mensch, mit seinen Stärken, aber auch mit seinen Fehlern und trotz aller Unvollkommenheit hat jeder die Möglichkeit, diese kleine Freiheit zu nutzen, um dem Paradies auf dieser Erde, Stück für Stück immer näher zu kommen. Zeitgeschichte wird in Zeitdokumenten anschaulich wiedergegeben.

Den Autoren wurde ja nahe gelegt, hinsichtlich des nun schon fortgeschrittenen Alters sich lieber zurückzulehnen und die verbleibenden Jahre doch in Ruhe abzuleben. Aber gerade das spornte dazu an, weiterhin durchzustarten.

Wer sollte dieses Buch lesen?

Dieses Buch sollten Menschen lesen, die sich auch auf den Weg machen wollen, selbst endlich mündige, selbstbestimmende, selbstbewusste, mitgestaltende, beteiligte, sich einbringende Bürger zu werden.

Lesen bildet und hilft, selbst etwas zu schreiben. Es erweitert den Horizont und fördert das soziale Miteinander. Es regt zu eigenen Gedanken an.

Der Leser kann selbst etwas hinterfragen, es fördert das Wissen, aber beeinflusst auch die Sichtweise. Lesen ist vor allem eine sehr gute Medizin und fordert zur eigenen, neuen Tat auf.

Dazu sind die Leser ganz herzlich eingeladen!

Nur ein Beispiel: In der DDR mangelte es an Freiheiten und Freizügigkeiten. In der DDR konnte sich ein Bürger keinen Carport aufstellen, weil es dort keinen gab. Und die wenigen

Garagenbesitzer waren dort schon kleine Könige.

1990 wählten die DDR Bürger die Freiheit, den Wohlstand, und es gibt nun alles zu kaufen. Heute kann sich der Bürger ein Carport kaufen, aber „Halt" sagt nun der Amtsschimmel, das Aufstellen eines Carports wird dem Bürger im nun vereinten Deutschland amtlich versagt. Aber der Bürger wählte doch 1990 die überall so angepriesene „Freiheit"!

Niemand wird es schlechter gehen, allen würde es besser gehen, wurde vollmundig versprochen.

Eine Unzahl von Beispielen könnte hier noch anhängig zu Papier gebracht werden.

Die beiden Autoren
Berlin, den 30.07.2015

Der „Berliner Kreis" mit seinen Zeitdokumenten an den Bundespräsidenten Joachim Gauck

Seit dem Jahr 2012 begleitet der „Berliner Kreis" den Bundespräsidenten, Herrn Joachim Gauck, in Form von Zeitdokumenten, die am 9. eines jeden Monats an ihn gesendet werden.

Dies machen wir seit dem Erscheinen seines Buches „Plädoyer für die Freiheit". Der Bundespräsident verbindet die Freiheit mit Verantwortung und Toleranz! Der Begriff der Freiheit hat seinen Ursprung in Frankreich, gemeinsam mit der Losung „Freiheit, Gleichheit und Brüderlichkeit".

Zu den wichtigen Aussprüchen des Bundespräsidenten gehört, dass sich viele ehemalige IM's der Stasi in den letzten 25 Jahren nichts zuschulden kommen ließen und sie deshalb – wie schließlich jeder Mensch in unserer jetzigen Freiheit – eine zweite Chance verdienen. Ein weiterer Ausspruch des Bundespräsidenten war: „Ich selbst mag es nicht mehr missen, zu jeder Wahl zu gehen."

Auf diese Aussagen wollen wir uns als Autoren dieses Buches beziehen.

Freiheit verwirklicht sich nur mit gleichzeitiger Gleichheit und Brüderlichkeit.

Seit 2012 bin ich gemeinsam mit einer Bürgerin unseres Landes tätig, die von der Stasi gegen ihren persönlichen Willen als IM geführt wurde und der zur damaligen Zeit ein Führungsoffizier der Stasi zugeordnet wurde.

Es handelt sich um die Co-Autorin, Prof. Dr. Anneliese Löffler (Germanistin).

Diese Persönlichkeit brachte zu DDR-Zeiten den Mut auf, als Sie von dem MfS mit der Aufforderung aufgesucht wurde, sich schriftlich mit Unterschrift zu verpflichten, für den Staatssicherheitsdienst der ehemaligen DDR zu arbeiten, klar und deutlich „Nein" zu sagen.

Frau Prof. Dr. Anneliese Löffler ist somit vom Vorwurf, bereitwillig und willig für den Staatssicherheitsdienst der ehemaligen DDR gearbeitet zu haben, zu entlasten und zu rehabilitieren.

Auch aus anderen, gleich gelagerten Fällen erwächst entsprechend des Plädoyers Freiheit des Herrn Joachim Gauck gleichzeitig die Verantwortung, dieser unserer nun erlangten Freiheit und Verantwortung keinen Schaden zuzufügen.

Prof. Dr. Löffler ist seit 2012 eine der Paten für den Gedenkstein der Opfer des Stalinismus auf dem Sozialistenfriedhof Berlin-Friedrichsfelde. Sie hat sich weder in der ehemaligen DDR etwas zuschulden kommen lassen, geschweige denn in den letzten 25 Jahren der deutschen Einheit. Sie erhielt aber in den letzten 25 Jahren, wie viele andere Wissenschaftler der DDR auch, seit der deutschen Einheit weder eine erste noch eine zweite Chance, obwohl doch zusammen wachsen sollte, was zusammen gehört.

Der Bundespräsident erhielt von uns seit 2012 monatlich ein Zeitdokument zugeschickt.

Auf keines dieser Zeitdokumente hat unser Bundespräsident geantwortet. Weder auf unsere Fragen, noch die Vorschläge oder Bitten.

Dieses verantwortliche Verhalten des Bundespräsidenten wird uns aber nicht daran hindern, in Form von Öffentlichkeitsarbeit weiterhin zu wirken, zu kritisieren und nachzufragen, da, wo es uns notwendig erscheint, um unsere Demokratie und Gesellschaft damit zu stärken.

Wenn der Bundespräsident es nicht missen mag, zur Wahl zu gehen, versteht es sich doch wohl von selbst, dass er es auch nicht missen mögen dürfte, auf Zuschriften von Bürgern zu antworten, denn das ist allein schon dank der von ihm angesprochenen „Verantwortung" zu erwarten.

Unser Bundespräsident schrieb das Buch „Freiheit" in dem nun vereinten Deutschland.

Er schrieb dieses Buch so, als sei es schon immer seine Lebensaufgabe gewesen, für diese „Freiheit" einzutreten.

Da sei zumindest die Frage erlaubt, ob unser Bundespräsident schon „immer" selbst vorgelebt hat, was er in seinem Buch „Freiheit" verkündet?

Jeder Mensch, der die Freiheit liebt, sie für unerlässlich hält, der ringt und kämpft für diese Freiheit, gleich wie die jeweiligen Zustände in einem Land sind, oder ob der Freiheit genüge oder nicht genüge getan wird. Wer sich zur Freiheit bekennt, wird auch sein Handeln als Mensch dementsprechend gestalten - was in unserer Demokratie auch heute nicht sehr einfach ist, aber gerade in der DDR-Diktatur viel mehr Mut benötigte und unerlässlich war. Das bedenkt Joachim Gauck aber leider überhaupt nicht.

Seine Vorstellungen von Verantwortung tun unserer Demokratie gut, aber diese Verantwortung darf nicht einseitig sein und muss täglich immer wieder hinterfragt werden.

Wo bleibt die Verantwortung all derer, die den Bürgern in der ehemaligen DDR Freiheit und Freizügigkeit verweigert haben und verantwortlich für zerstörte Biografien sind, und für den Zerfall der Industrie in Ostdeutschland nebst allen weiteren Folgen. Hier läge der Bundespräsident mit seinem Plädoyer „Verantwortung" gegenüber der Nachfolgepartei „Die Linke" genau richtig, denn schließlich sind alle für die Folgen ihres Handelns am Ende dafür auch verantwortlich!

Hinsichtlich der Menschen, die in der ehemaligen DDR den Mut hatten, gegen die Diktatur und fehlende Freizügigkeit Widerstand zu leisten, steht heute unser Bundespräsident in der Verantwortung, damit diesen mutigen Menschen endlich Gerechtigkeit widerfährt. Der Autor gehört mit zu dem Personenkreis, der in der DDR friedlichen Widerstand leistete gegen Unfreiheit, Diktatur, Tyrannei und fehlende Freizügigkeit.

Das gehört zu einem Plädoyer für die Freiheit unerlässlich dazu - nebst dem Einsatz für diese mutigen Menschen. Und Freiheit ist viel mehr als Verantwortung und Toleranz. Gauck beschränkt die Freiheit allein auf die Welt der Erwachsenen.

Das Wichtigste an der Freiheit ist, dass ein Mensch seinen eigenen Lebensentwurf leben und ihn verfolgen kann, dies nicht behindert wird, in keinerlei Form, somit die eigene Identität gestalten und selbstbestimmt verwirklichen kann.

Damit haben auch junge Menschen, die Jugend, in unserer Demokratie Verantwortung zu übernehmen, zu tragen und mit zu gestalten. Dies wurde den Ostdeutschen in der DDR nicht gestattet. Somit mahne ich es an, dass der Bundespräsident, der auch unser Bundespräsident ist, entsprechend seinem verkündeten Plädoyer „Freiheit" mit Verantwortung und Toleranz, dem auch Gleichheit und Brüderlichkeit hinzuzufügen ist - gegenüber jedem Mann und jeder Frau. Dies wird von mir direkt gefordert, weil dies unerlässlich ist!

All dies hier Niedergeschriebene mahne ich auch stellvertretend für jene an, die hier nicht namentlich genannt wurden.

Das kleine Buch der Freiheit macht die Sicht frei auf das alltägliche Erleben von Menschen in unserem Land. Es soll Dinge offenlegen, die immer noch im Argen sind und einer dringenden Klärung bedürfen.

Zu einem „Ich mag keine Wahl mehr missen" und jeder sollte zur Wahl gehen, gehört die Voraussetzung, dass das jeweils zu Wählende frei von Lobbyismus ist und von Wahlversprechen, die nach der Wahl doch nicht eingehalten werden. Der mündige Bürger soll wählen können, frei von jeglicher Beeinflussung.

Dies im Sinne von Freiheit, Gleichheit und Brüderlichkeit mit allseitiger Verantwortung und Toleranz gegenüber Jedermann.

Der Autor: Eike-Jürgen Tolzien
(politischer Häftling und Widerständler gegen die Diktatur in der DDR; Unterstützer gemeinsam mit Prof. Dr. Anneliese Löffler für eine Mahn- und Gedenkstätte der Opfer des Kommunismus)

Joachim Gauck und seine Ansicht zu Freiheit und Toleranz

Lebt unser Bundespräsident Joachim Gauck uns vor, was er in seinem Buch - „Plädoyer für die Freiheit" mit Verantwortung und Toleranz verkündet?

Vor einigen Jahren befreundete ich mich mit einem Menschen, von dem ich über die Bodo-Uhse-Bibliothek in Berlin-Lichtenberg, Frau Gnausch (Bibliotheksleiterin), erfuhr, dass er aus politischen Gründen über Jahrzehnte in der DDR vielen Repressalien ausgesetzt wurde. Er war diesen ausgesetzt, weil er in dieser Zeit um freiheitliche und freizügige Rechte focht, sie in Anspruch nehmen wollte, direkt auch forderte. Er leistete Widerstand gegen die Diktatur und Unfreiheit, stieß auf ständige Drangsalierungen und Benachteiligungen.

In den 1980er Jahren erfuhr ich verstärkt, dass sich viele Menschen in der DDR oftmals Drangsalierungen, Ausgrenzungen und Bedrohungen ausgesetzt sahen - entgegen den Vereinbarungen von Helsinki. Und auch aus diesen Gründen trat ich nach 1989 aus der SED aus. Sprache und Kultur kann nicht getrennt werden, dies gehört unmittelbar zusammen. Jetzt, unter veränderten Verhältnissen, hofften wir, Einschränkungen nicht mehr erleben und hinnehmen zu müssen.

Wir machten jedoch bittere Erfahrungen, nur zu oft begegneten uns Abwehr, Achselzucken, gleichgültige Bejahung bei eigener Untätigkeit von Behörden und einzelnen Personen, und deutlichem Verzicht auf tätige Mitwirkung. Alles was Veränderung - und sei sie noch so positiv zu bewerten - bewirken konnte, wurde misstrauisch, ja oft sogar auf schlimme Weise zurückgewiesen.

Eher wurde versucht, uns von Debatten fernzuhalten und unser Mitsprache- und Mitwirkungsrecht zu beschneiden, und dies auch dann, wenn es sich um öffentlich wichtige relevante Themen handelte. Oft schien sich der Gedanke in den Vordergrund zu schieben, dass jede Anteilnahme, passiver oder aktiver Art, als Belästigung empfunden wurde.

Wir übernahmen die Patenschaft für den Gedenkstein der Opfer des Stalinismus in Berlin-Friedrichsfelde und hatten dies der offiziell dafür verantwortlichen staatlichen Stelle mitgeteilt. Vom ersten Augenblick an wurde von allen Seiten aus versucht, dies zu unterbinden, und sogar mit dem Hinweis zu arbeiten, dass es sich um ein öffentlich registriertes Denkmal handele und dort grundsätzlich keinerlei Veränderungen vorgenommen werden dürften. So war das auch in der DDR!

Als das uns immer deutlicher wurde, wählten wir einen anderen Weg.

Wir schrieben die Beispiele und Beweise auf, formulierten noch einmal viele Gedanken und Vorstellungen dessen, was verändert werden müsse und wie dies geschehen könne und schickten diese Niederschriften dann den jeweils verantwortlichen Stellen. Aber - wie verblüffend war die Erkenntnis - auch hier wiederum gab es nur ein allgemeines Schweigen.

Nur ein paar Zeilen gab es, von der Thüringer SPD mit nichtssagenden, scheinfreundlichen Worten und mit höflichen Wünschen für gutes Gelingen.

Mit Entsetzen musste ich sehr oft von Herrn Tolzien erfahren, dass der Gedenkstein schon wieder geschändet, alle Anpflanzungen rausgerissen, Blumen gestohlen, Hinweise über den Gedenkstein entfernt wurden und provokant stattdessen eine rote Nelke auf dem Stein platziert wurde. Verächtlich machend wurde außerdem eine Schrift vor dem Stein angebracht mit dem Wortlaut: „Die Paten von diesem Gedenkstein sollen verrecken."

Was ist das für eine Gedenkkultur, Erinnerungskultur und vor allem, was für ein Fehlverhalten derer, die stets vorgeben, Schützer der Gedenkstätte nebst der Erinnerung an die Arbeiterbewegung zu sein.

Nach einiger Zeit suchten wir einen neuen Weg, und es schien uns richtig zu sein, uns doch einmal an einen Menschen in den höchsten Machtorganen unserer Republik zu wenden und um Aufmerksamkeit für unser Bemühen und eventuell um Unterstützung zu bitten.

Zwei einzelne Anlässe bestimmten die Wahl unserer Schritte. Der erste war, dass wir von einer groß angelegten Einladung des Bundespräsidenten in seinen Amtssitz und den dazu gehörenden Garten hörten, dass dies sozusagen ein groß angelegtes offenes Gespräch zwischen dem Bundespräsidenten und den vielen, vielen Gästen werden sollte. Wir besuchten diesen Ort, wurden auch am Eingang freundlich empfangen, aber merkten schnell, dass es sich im Grunde lediglich um so eine Art wie einem bunten Volksfest ähnliche Veranstaltung handelte - mit aufgestellten Informationszelten usw. - und der Präsident dann einmal für kurze Zeit zu den Gästen sprach und ein paar herzliche Worte an die Besucher richtete. Wir hatten einige unserer Gedanken und Vorhaben schriftlich vorbereitet und wollten sie dem Bundespräsidenten persönlich übergeben. Dazu kam es natürlich nicht, eine nette junge Frau nahm an einem weitab gelegenen Seitengang unser Erst-Buch entgegen, dankte und verschwand. Eine weitere Nachricht haben wir weder von Joachim Gauck noch von seinem persönlichen Sekretär erhalten.

Ein anderer und weitaus wichtigerer Weg schien uns die Kontaktaufnahme über ein kleines Buch zu sein, das von Joachim Gauck geschrieben und vor einigen Jahren erst veröffentlicht worden war. Es trug den so wichtigen Begriff der „Freiheit" im Titel. Uns schien es jedoch nach der Lektüre, dass der Freiheitsbegriff zu sehr als theoretische Kategorie und nicht als tragendes Element alltäglichen Handelns, im Großen wie im Kleinen, genommen worden war.

Da Joachim Gauck immer wieder den Freiheitsbegriff verwendete, glaubten wir an die Chance einer persönlichen Begegnung mit dem Ziel, diesen Freiheitsbegriff seiner theoretischen Allgemeinheit zu entkleiden und aufs Alltägliche, Allgemeine, das praktische Leben Betreffende ausweiten zu müssen.

Dies hatten wir schon getan, als wir im Garten beim großen Sommertreffen das Erstbuch überreicht hatten, und so verfestigte sich unsere Absicht, dies mit der beabsichtigten Begegnung zu verbinden. Mein Partner E.-J. Tolzien war natürlich von der Freiheit besonders begeistert, war es doch zum Trauma seines Lebens geworden. Einst war er seiner Freiheit beraubt worden war, weil er die Freizügigkeit in seinem Leben nutzen und nichts an Einbußen dulden wollte. Immerhin war er, Eike-Jürgen Tolzien, schon ab 1953 (17. Juni) mit der politischen Inhaftierung seines Vaters Dr. med. dent. Wilhelm Tolzien, der ebenfalls nach Freiheit, freien Wahlen und Freizügigkeit strebte, schon als Schüler in die politische Verfolgung geraten. Und es ist ja nicht so, dass man solches erleiden und dann stillschweigend zum Alltag zurückkehren kann, vielmehr ist es so, dass danach das Leben gezeichnet und für immer beschädigt ist.

Warum sich das aber nun auch in den letzten 25 Jahren für Eike-Jürgen Tolzien so fortsetzte, ist für mich unbegreiflich. Für ihn traf und trifft besonders schwerwiegend zu, dass all diese wesentlichen Gedanken in einer theoretischen Sphäre bleiben, nichts in eine lebendige Welt der Debatten mit allen praktischen Folgen übergeleitet werden konnte.

Das Schweigen der angesprochenen Menschen ist das deutlichste Merkmal einer Welt, die in ihrem demokratischen Selbstverständnis noch in den Anfängen steckt, ja, die wirklich noch nicht den Schritt gegangen ist, das Tor zur individuellen, massenhaft ermöglichten und geschehenden Mitwirkung aufzustoßen. Das ist ein Prozess, der uns noch bevorsteht und den wir mit unserer Arbeit mit herbeiführen wollen.

In diesem Sinne bieten wir unser Büchlein an. Wir wollen die Begegnung suchen über eine im aktiven Handeln wichtige Freiheitsmeinung, somit anknüpfen an das Buch von Joachim Gauck und fordern gleichzeitig zur jeweils offenen Stellungnahme auf.

Der Bundespräsident ist somit angehalten, auch gegenüber dem Autor und der Co-Autorin Bürgernähe herzustellen, zu zeigen und das ehrenamtliche Engagement aller Bürger unseres Landes anzuerkennen, zu achten und zu respektieren. Das bedeutet also, unabhängig von einer eventuellen Stellungnahme wird der Bundespräsident direkt aufgefordert, das gesellschaftliche Engagement des Autors und der Co-Autorin zu unterstützen.

Unser Bundespräsident ist der Bundespräsident aller Bürger in unserem Land und hat sich auch allen Menschen zuzuwenden, die sich mit Engagement und Courage in die demokratische Gestaltung und den demokratischen Prozess mit einbringen möchten. Dazu ist der Herr Bundespräsident ganz herzlich eingeladen.

Die Co-Autorin: Prof. Dr. Anneliese Löffler (Germanistin, Patin des Gedenksteins der Opfer des Stalinismus, Sozialistenfriedhof Berlin-Lichtenberg und Unterzeichnerin des Aufrufs zu einer zentralen Mahn- und Gedenkstätte für die Opfer des Kommunismus, nebst Spendenbereitschaft)

Mahnwache am
Gedenkstein
2012 —

Auf den richtigen Weg begeben

Sich auf den richtigen Weg begeben hat etwas zu tun mit 'aufbrechen'! Immer noch vorhandene Verkrustungen in der Gesellschaft und in der europäischen Gemeinschaft bedürfen eines 'Aufbruchs'. Oftmals wird erst einmal der falsche Weg eingeschlagen, obwohl denjenigen, die das tun, durchaus bewusst ist, dass es einen anderen, viel besseren Weg gibt. Das bedeutet aber auch, den Anschluss nicht zu verpassen oder den besseren Weg zu unterlassen.

Wir machen uns nicht auf den besseren Weg, wenn wir den Irrglauben hegen, dass allein das Geld oder eine gemeinsame Währung ausreichen, um die europäische Staatengemeinschaft zu stabilisieren. Ein Europa auf den richtigen Weg zu bringen, kann dann zu einem Erfolg werden, wenn sich alle Staaten dieser europäischen Gemeinschaft an die von allen vorgeschlagenen, beschlossenen und gebilligten europäischen Regelungen halten.

Bisher sind es nur einige Staaten der europäischen Gemeinschaft, die zumindest versuchen, sich an die Regeln von Dublin und Brüssel zu halten. Ungeachtet dessen profitieren aber auch die vielen anderen europäischen Staaten von den Geldern aus dem europäischen Topf. So eine Schieflage wird am Ende dazu führen, dass dieses halbherzig geformte Gebilde des Geldes in Europa auseinander brechen wird. Wenn sich die europäischen Staaten nicht gemeinsam auf den besseren, richtigen Weg machen des Miteinanders, kann das erstrebte Ziel eines wirklich einheitlichen Gebildes der "FREIHEIT" europäischer Staaten so nicht gelingen. Nur dessen Festigkeit garantiert vor allem auch die Stabilität auf jeden einzelnen Gebiet: das bedeutet politisch, ökonomisch, geistig, menschlich in einem festen gemeinsamen Verbund mit strikter Einhaltung von Vereinbarungen und Verträgen zusammenzuarbeiten und zu leben.

Dies hat ein Europa des "Nehmens" aber auch des "Gebens" zu sein, in dem die Menschen in Freiheit, Offenheit und in fester Gemeinschaft, auch im erhofften Wohlstand leben können. Sie würden dann auch mit dem notwendigen Respekt vor der vor kurzem erst errungenen Freiheit leben und ihr im Grunde ein Leben lang huldigen.

„Die Zeit ist reif"
Erinnerung an Bärbel Bohley –
die „Mutter" der friedlichen Revolu-
tion 1989/90 in der DDR

Beginnen wir mit dem Aufruf der Bürger-rechtsbewegung NEUES FORUM vom Herbst 1989 mit dem Titel „Die Zeit ist reif". Dieser Aufruf wurde von 250 000 Bürgern unter-schrieben. Sie war eine Initiatorin für die größ-te Demonstration in der DDR am 4. November 1989 mit mehr als einer halben Million Men-schen auf dem Alexanderplatz. Das Aufbegeh-ren gegen das DDR-Regime erfasste alle Be-reiche der Gesellschaft und fast alle Schichten der Bevölkerung.

Es war ein Aufbruch aller Bürger, aber in-mitten dieser Umwälzungen und der Suche nach etwas Neuem machte die Bevölkerung eine Wende - und traute sich nicht mehr zu, ein Gemeinwesen zu gestalten, das schon in einer Knospe schlummerte, aber nicht aufblühen wollte, konnte oder durfte. Obwohl die Zeit dafür reif war!

Auch nach 25 Jahren deutscher Einheit ist dieses mutige Volk immer noch nicht dazu

bereit, diese damalige zarte Knospe zum Er-
blühen zu bringen. Zumal der Autor selbst zu
jenen gehörte, die im Jahr 1989/90 mit dafür
sorgten, dass die Zusammenkünfte der Menschen in der Gethsemane Kirche Berlin friedlich waren und jeder Aufruf von Störenden zur
Gewalt sofort unterbunden wurde. Er stand
täglich mit vor der Gethsemane Kirche und
trat dafür ein, dass es zu keiner Gewalt kam.

Selbst brachte der Autor in der Gethsemane
Kirche ein Plakat an mit der Forderung der
Wiederherstellung der alten Länderstrukturen
in den neunen Bundesländern.

Der Autor beteiligte sich auch an dem Aufruf „Die Akten gehören uns", machte sich mit
auf den Weg in die Ruschestr. Berlin, Ministerium für Staatssicherheit und brachte sein mit-
geführtes Plakat neben dem Eingangstor des
MFS an. Dies tat er in Anwesenheit von Wolf
Biermann.

Es war der Aufruf zu grundlegenden Veränderungen für die Menschen, damit sie sich
gemeinsam auf den Weg machen, um mündige
Bürger zu werden und die Hoffnung, bisherige
Träume endlich mit Leben zu erfüllen.

Unfreiheit: Die politischen Häftlinge von Bützow

In Bützow Drei-Bergen wurden zu DDR-Zeiten tausende Häftlinge gequält.

Einer von ihnen war Wolfgang J. Seine Mutter lebte in West-Berlin. Wolfgang J. selbst machte in Ost-Berlin seine Berufsausbildung. Inmitten dieser Zeit wurde die Berliner Mauer gebaut. Von heute auf morgen waren Mutter und Sohn durch die Mauer getrennt worden. Millionenfaches Schicksal im geteilten Deutschland.

Von dem Tag des Mauerbaues an hatte Wolfgang J. nur noch den einen Wunsch. Er wollte versuchen, nach Abschluss seiner Lehre zu seiner Mutter nach West-Berlin zu kommen. Andere Familienangehörige hatte Wolfgang J. nicht mehr. Wolfgang J. hatte nur noch seine Mutter.

Von 1962 bis 1970 wurde er viermal nacheinander wegen versuchter Republikflucht inhaftiert. Immer wieder unternahm er den Versuch, zu seiner Mutter zu gelangen. Die Ausreise zu einer Familienzusammenführung erlaubte die DDR nicht. 1970 kam es dann zu jenem Vorfall im Zuchthaus Bützow. Wolfgang J. rückte von seinem Vorhaben nicht ab. Er gab der Anstaltsleitung zu verstehen, dass er immer wieder versuchen werde, zu seiner Mutter nach West-Berlin zu gelangen.

Daraufhin wurde Wolfgang J. in dem Zuchthaus wörtlich gesagt: „Dann sitzen sie eben bei uns ein, bis sie ein alter Mann geworden sind. Wir lassen sie hier nicht weg."

Am nächsten Morgen war Wolfgang J. nicht mehr am Leben. Er hatte sich aufgehängt. Dies war kein Einzelfall!

ZEITDOKUMENT

Berliner Kreis
Prof. Dr. Anneliese Löffler
Eike-Jürgen Tolzien
Schulze-Boysen-Straße 41
10365 Berlin

Berlin, den 17.02.2012

An die
Fraktionen des Deutschen Bundestages der
Bundestagsabgeordneten der CDU / CSU, FDP,
SPD, die Grünen und die Linken
Platz der Republik 1
11011 Berlin

Vor zwei Jahren wurde Christian Wulff zum Bundespräsidenten gewählt. Im Nachhinein hat sich nun ergeben, dass vor zwei Jahren nicht der Richtige gewählt wurde.

Christian Wulff hat selbst zugegeben, dass er erst noch lernen müsse, das Amt eines Bundespräsidenten richtig auszuüben.

Berliner Kreis
Professor Dr. Anneliese Löffler
Eike - Jürgen Tolzien
Schulze - Boysen -Strasse 41
10365 Berlin

Berlin , den 17.02.2012

ZEITDOKUMENT

An die
Fraktionen des Deutschen Bundestages der
Bundestagsabgeordneten der CDU/CSU FDP SPD Die
Platz der Republik 1   Grünen und die Linken
11011 Berlin

vor zwei Jahren wurde Christian Wulff zum Bundesprä -
sidenten gewählt . Im nachhinein hat sich nun ergeben ,
dass vor zwei Jahren nicht der Richtige gewählt wurde.

Christian Wulff hat selbst eingestanden , dass er erst
noch lernen muss , das Amt eines Bundespräsidenten
richtig zu bekleiden .
So etwas kann man aber nicht lernen , sondern das muss
man können.

Bei dieser Wahl zum Bundespräsidenten vor zwei Jahren
war Joachim Gauck beim Stichwahlgang unterlegen.

Es gehört zu unserer Demokratie dazu , dass man sich
selbst eingesteht , vor zwei Jahren nicht die richtige Wahl
getroffen zu haben , und dem damals Unterlegenen nun
die Chance gibt , zum Bundespräsidenten gewählt zu werden . Aus Gründen der Fairness , des Respekts , der Würdigung und der Achtung vor Joachim Gauck , sollte ihm
die Möglichkeit gegeben werden , unser Deutschland
würdig nach außen und innen zu vertreten .

Joachim Gauck besitzt das notwendige Feingefühl, er geht mit Dingen behutsam um und stellt sich nicht in den Mittelpunkt. Als Hüter der Stasiunterlagen hat er gezeigt, dass er etwas mitbringt, was vielen anderen fehlt - sich selbst nicht so wichtig zu nehmen, aber stets würdevoll gut durchdachte Entscheidungen zu treffen.

Joachim Gauck bringt das mit, was einen Bundespräsidenten auszeichnet - Klugheit, Charakter, Weitsichtigkeit und Amtsverständnis. Er wäre ein ausgezeichneter Bundespräsident für alle Deutschen.
Wir sind das Volk, aus diesem Grund schlagen wir Herrn Joachim Gauck vor für das Amt des Bundespräsidenten, damit er innerhalb der nächsten 30 Tage bis zum 28.03. 2012 mit den Stimmen der CDU/CSU, FDP, SPD, Grünen und auch der Linken gewählt werden kann.

Nur so wird vermieden, diesem hohem Amt noch weiteren Schaden zuzufügen.

Nicht Parteien Hick - Hack hilft hier weiter, sondern der gute Wille, einem Kandidaten gerecht zu werden, der vor zwei Jahren bei der Wahl zum Bundespräsidenten zu Unrecht unterlegen war.

Mit hoher Achtung vor Ihnen allen

Berliner Kreis
Professor Dr. Anneliese Löffler
Eike - Jürgen Tolzien
Schulze - Boysen - Strasse 41
10365 Berlin

So etwas kann man aber nicht lernen, sondern man muss es können.

Bei dieser Wahl zum Bundespräsidenten vor zwei Jahren war Joachim Gauck bei der Stichwahl unterlegen.

Es gehört zu unserer Demokratie dazu, dass man sich selbst eingesteht, vor zwei Jahren nicht die richtige Wahl getroffen zu haben, und dem damals Unterlegenen nun die Chance gibt, zum Bundespräsidenten gewählt zu werden. Wegen Würdigung und Achtung vor Joachim Gauck, sollte ihm die Möglichkeit gegeben werden, unser Deutschland nach außen und innen zu vertreten.

Joachim Gauck besitzt das notwendige Feingefühl, er geht mit Dingen behutsam um und stellt sich nicht in den Mittelpunkt. Als Hüter der Stasi-Unterlagen hat er gezeigt, dass er etwas mitbringt, was vielen anderen fehlt: sich selbst nicht so wichtig zu nehmen, aber stets würdevoll gut durchdachte Entscheidungen zu treffen.

Was Joachim Gauck als Bundespräsident auszeichnen würde, das ist Klugheit, Charakter, Weitsichtigkeit und Amtsverständnis. Er wäre ein ausgezeichneter Bundespräsident für alle Deutschen.

Wir sind das Volk. Aus diesem Grund schlagen wir Herrn Joachim Gauck für das Amt des Bundespräsidenten vor, damit er innerhalb der nächsten 30 Tage bis zum 28.03.2012 mit den Stimmen der CDU/CSU, FDP, SPD, Grünen und auch der Linken gewählt werden kann. Nur so wird vermieden, diesem hohen Amt noch weiteren Schaden zuzufügen.

Nicht Parteien-Hickhack hilft hier weiter, sondern der gute Wille, einem Kandidaten gerecht zu werden, der vor zwei Jahren bei der Wahl zum Bundespräsidenten zu Unrecht unterlegen war.

Mit hoher Achtung vor Ihnen allen.

Prof. Dr. Anneliese Löffler
Eike-Jürgen Tolzien
„Berliner Kreis"

FREIE WAHLEN

SIND SEHR WERTVOLL
FÜR UNS MENSCHEN,
DIES MUSS
VON ALLEN POLITIKERN
GESCHÄTZT, GEWÜRDIGT
UND GEACHTET WERDEN!

AUCH MIT DEM ERGEBNIS
NACH JEDER WAHL!

Eike-Jürgen Tolzien

FREIHEIT

KEINE ARBEIT
UND
WENIG GELD
WEM DIESE
"FREIHEIT"
SCHON GEFÄLLT!

Eike-Jürgen Tolzien

BEDENKZEITEN

FREIHEIT UND
VERANTWORTUNG!
EINE EINLADUNG
ZUR FREIHEIT
MIT EINEM HERZLICHEN
WILLKOMMEN!
IN UNSEREM SCHÖNEN
DEUTSCHLAND

Prof. Dr. Anneliese Löffler

Bedenkzeiten

Wir sind im Jahr 2012 und mit ihm kam Joachim Gauck. Herzlich Willkommen im Schloss Bellevue.

Der Berliner Kreis gratuliert Joachim Gauck. Unser 11. Bundespräsident, Joachim Gauck, wurde am 18.3.2012 mit über 900 Stimmen zum Bundespräsidenten Deutschlands gewählt. Welch ein historisches Ereignis an diesem Tag. Es geschah an einem Sonntag! Wir waren sogar die ersten Befürworter seiner Wahl, durften aber leider, warum auch immer, nicht hautnah dabei sein. Der Berliner Kreis nahm sich schon im Vorfeld die Freiheit heraus, sich an alle Fraktionen des Deutschen Bundestages zu wenden und unter dem Wortlaut „WIR SIND DAS VOLK" Herrn Joachim Gauck zur Wahl des nächsten Bundespräsidenten vorzuschlagen. Schenken wir dem unser Vertrauen, der bei der Wahl vor zwei Jahren nur knapp unterlegen war. Die Menschheit kann in dieser Welt nur im Einklang mit ihr, mit der Natur und mit allen Mitmenschen leben!

Unsere Internet-Generation stimmte, symbolisch nach der Meinung des Volkes befragt, für Joachim Gauck. Nach allen Umfragen lag er ganz weit vorn.

Welch ein Ereignis in dieser Zeit, wo sonst alles nur noch von den Parteien über die Köpfe des Volkes hinweg einfach so bestimmt wird.

Nach zwanzig Jahren deutscher Einheit war das wieder einmal eine wirklich freie Wahl ohne vorherige leere Versprechungen, Wahltaktik, Fraktionszwang, ohne jegliche Eigennützigkeit einer einzelnen Partei.

Welch eine schöne Zeit und schöner Anlass! Möge sich dieses in der Zukunft noch oftmals wiederholen. Der Berliner Kreis wird sich mit freundlicher und gebotener Achtung die folgenden 5 Jahre Monat für Monat beim Herrn Bundespräsidenten Joachim Gauck in Erinnerung bringen.

Er wird das Wirken unseres Bundespräsidenten Monat für Monat begleiten und es wird stets der 18. jedes Monats sein, an dem wir uns wieder an den „Bundespräsidenten" wenden unter der tollen Zeichensetzung „WIR SIND DAS VOLK"!

Zum ersten Mal hat unser Volk also über das Internet symbolisch Herrn Gauck die Zustimmung gegeben. Welch ein Zeichen unserer Zeit!

Wir nehmen uns diese Freiheit heraus. Wir dürfen das, wir trauen uns das, packen das an und sind der festen Überzeugung, dass am Ende zusammen mit unserem Bundespräsidenten Herrn Joachim Gauck etwas Lebenswertes dabei herauskommt!

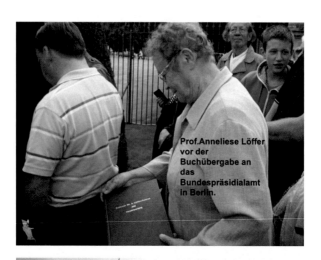

Prof.Anneliese Löffer
vor der
Buchübergabe an
das
Bundespräsidialamt
in Berlin.

Schloss Bellevue Berlin

FREIHEIT ALLEIN
IST ABER
NICHT GENUG!

Prof. Dr. Anneliese Löffler

Gedanken zur Freiheit

Alle Freiheit beginnt mit der Gerechtigkeit, einer Lohn- und Steuergerechtigkeit gegenüber dem Arbeiter und Angestellten, dem Beamten - bis hin zum Millionär!

Von Freiheit kann nur die Rede sein und geschrieben werden, wenn diese nicht für sich allein steht, sondern unabdingbar mit dem verbunden ist, was nun nachfolgend dargelegt wird.

Freiheit ist nicht nur die Freiheit der Andersdenkenden, da die Gedanken bekanntlich frei sind, sondern Freiheit ist das Grundbedürfnis eines jeden Menschen und eines jeden Volkes!

WIR SIND DAS VOLK ist die unmittelbare Verbindung zu aller Freiheit. Wir möchten dies nicht missen, nicht eine Stunde und nicht einen Tag.

Das Volk ist mutig, es mischt sich ein, es lässt sich nicht mehr durch leere Sprüche und Worthülsen beeindrucken, das Volk ist endlich mündig geworden.

Jegliche Freiheit muss auch das Soziale in sich tragen!

Freiheit bedeutet Mitgestaltung, Freiheit bedeutet stets, Unrecht auch als Unrecht zu benennen, Freiheit bedeutet: ohne Angst leben zu können; Freiheit liebt das Selbstbewusstsein; Freiheit liebt auch die Freiheit des anderen; Freiheit liebt das Leben; Freiheit ja, aber nicht grenzenlose, „auswuchernde" Freiheit ist damit gemeint; Freiheit liebt es auch, wenn alle Menschen Arbeit und Lohn haben!

Freiheit muss im Einklang stehen mit allen Ressourcen und Faktoren jeglicher Nachhaltigkeit!

Der Schutz
der Freiheit
der friedliebenden
Menschen
ist das höchste
Gut!

Prof. Dr. Anneliese Löffler

Zur Einführung

FREIHEIT ist das uneingeschränkte Recht auf Mitbestimmung!

Alles beginnt damit, wie wir gemeinsam miteinander umgehen, was wir einem anderem Menschen zumuten, ob wir auch bereit dazu sind, einander zuzuhören, einander zu verstehen, um gleichzeitig im selben Augenblick zu begreifen, dass jede Freiheit vor Angriffen der Unfreiheit geschützt werden muss.

Es folgt der Wortlaut eines Briefes vom Frühjahr 1990 vom „Berliner Kreis" an die Bundesregierung zur deutschen Einheit.

Sehr geehrte Bundesregierung!

Nehmen Sie bitte eine einvernehmliche Währungsunion vor.

Der Geldumtausch der DDR-Mark muss bei einem Teil bei 1:1 liegen und die restlichen Geldmengen müssen 1:2 umgetauscht werden. Nehmen Sie dies nicht so vor, gehen Sie bitte davon aus, dass wir DDR-Bürger alle auf schon bereits gepackten Koffern sitzen und sofort als Übersiedler in die Bundesrepublik kommen. Von diesem Tag an haben wir alle sofort einheitliche Lebensverhältnisse.

Unter sozialen Voraussetzungen der Unzumutbarkeit werden Kleinkinder und ältere Menschen in der DDR verbleiben, die später eine Angleichung erhalten werden.

Von unseren Brüdern und Schwestern dürfen wir nach 40 Jahren Trennung erwarten, dass sie uns alle gleich behandeln nach dem Gleichheitsgrundsatz und Sorge dafür tragen, dass es allen Menschen im Zuge der Deutschen Einheit gut ergeht.

Niemand darf bei der Gestaltung der Deutschen Einheit bevorzugt, benachteiligt oder vergessen werden.

Gleich um welch eine Diktatur es sich auch handelt, ohne Aufarbeitung kann und darf ein Schlussstrich darunter nicht gezogen werden. Auch eine Amnestie für die Täter und Mitläufer ist ungeeignet.

Für die Freiheit müssen wir alle etwas tun!

FREIHEIT bedeutet auch die Teilhabe aller Menschen an Bildung, Anerkennung, Chan-

cengleichheit, Arbeit, Wohlstand, Dazugehörigkeit, Gleichbehandlung, Ehrlichkeit, Aufklärung, Offenheit, Transparenz, Nachhaltigkeit, Vernunft, Gemeinsinn, Völkerverbindung,
Öffentlichkeit und vor allem aber Glaubwürdigkeit.

Wenn die - FREIHEIT - die Nachhaltigkeit
täglich nur mit den Füßen tritt, taugt diese
FREIHEIT nimmermehr. Wachstum löst nicht
die Probleme unserer Welt!

Wir fordern von unseren Politikern ein EUROPA

Ohne Atomkraftwerke!
Ohne atomare Endlager!
Ohne Atomwaffen!

Wir sind das Volk!

Prof. Dr. Anneliese Löffler
Berlin, den 13. Mai 2012

Wir sind das Volk!
Was nun Herr Gauck?

DAS GESCHENK DER FREIHEIT

Wir schreiben den 18. März 2012. Ein neuer Bundespräsident wurde gewählt. Ein großer Tag für unser Volk in Ost und West, Nord und Süd. Ein hoffnungsvoller Tag für alle Menschen in unserem schönen Deutschland. 22 Jahre gingen seit der deutschen Einigung nun ins Land. Eine verdammt lange Zeit!

Wir schreiben den 19. März 2012. Der neue Bundespräsident ist in das Schloss Bellevue eingezogen. Es ist noch früh am Tag. Jemand klopft an die Tür des Schlosses Bellevue. Er hört ein freundliches "Herein!"

Die betroffene Person tritt ein, und der Bundespräsident fragt höflich: "Was führt Sie zu mir?"

Der Angesprochene antwortet: "Ich bin nicht derjenige, der zu Ihnen möchte und etwas auf dem Herzen hat, sondern draußen vor dem Schloss steht das Volk."

"Und was möchte das Volk von mir?" fragt der Bundespräsident den Betroffenen. Der

Gefragte antwortet mit leiser Stimme: "Ich glaube, Herr Bundespräsident, da reichen meine Worte wohl nicht aus."

Da sagt der Bundespräsident, neugierig geworden: "Dann schauen wir mal." Er steht auf, geht vor die Tür des Schlosses, und er traut seinen Augen nicht.

Tatsächlich, da draußen steht das Volk und ruft sofort: "Danke schön, Herr Bundespräsident für diese geschenkte Freiheit, danke schön!"

Aber: "Was nun, Herr Bundespräsident? Wir sind das Volk!"

Wir sind das Volk!

Es war einmal ein kleines Völkchen,
es wünschte sich das Paradies,
es träumte von der großen Freiheit,
um zu leben wie im Paradies.

Die Freiheit hat dieses Völkchen erhalten,
es lebt aber in keinem Paradies,
die Freiheit alleine hat nicht das gehalten,
was einem Volk die Würde gibt.

Freiheit, Gleichheit und Brüderlichkeit,
dieser immer noch unerfüllte Traum,
mit dieser Hoffnung in unseren Herzen
schenkt unser Volk ihnen das Vertrauen.

Eike-Jürgen Tolzien

Situation in Deutschland - 2013

In den letzten Monaten gaben sich die Sätze, in denen das Wort "Rettungsschirm" den Ton bestimmt, den Stab in die Hand. Kaum einer weiß damit etwas Rechtes anzufangen. Allzu viele fühlen sich hilflos, ausgeliefert einem Mechanismus, der nicht mehr durchschaubar ist. Es sind aber mit diesem Wort Millionen verbunden, die so weiß jeder aus Erfahrung, im Etat eines jeden von uns als großer Fehlbetrag und gewaltige, reduzierende Summe wieder erscheinen werden. Der Begriff wird zum Zauberwort, dieses aber gebunden an die Negation, an das Übel, gegen das man sich nicht wehren kann.

Der Bund nimmt fehlende Summen, eben auch solche, die für den "Rettungsschirm" gebraucht werden, aus den Sozialkassen; zu hören und zu lesen ist auch von sittenwidrig niedrigen und sittenwidrig hohen Löhnen bzw. Gehältern im Lande. All dies verbreitet Angst, aber Angst macht blind, resignativ und gleichgültig.

Von wenigen Wochen, die Kälte hatte alles Leben fest im Griff, fand folgendes Gespräch statt. Bei schlimmen zehn Grad minus schlägt ein Mann die Bäume und Sträucher in den um die Häuser liegenden Gartenanlagen kurz, er sichert nicht einmal die Stümpfe gegen die eindringende Kälte ab. Gefragt, warum er diesen Unsinn tue, antwortet er: man habe es angeordnet. Weiter gefragt, ob er auch in einen tiefen See springe, wenn man es von ihm verlange, sagt er nun: "Na klar, ich kann ja schwimmen."

Der Bogen ist weit gespannt, die eine Erfahrung bedingt die andere. Der Ikarus, dem die Flügel gebrochen werden, verliert anfangs nur die Möglichkeit, später auch die Fähigkeit und schließlich die Lust, sich in die Lüfte zu erheben. Vielleicht, es kann wohl so sein, stochert er dann nur noch verdrießlich im Staub der Straße umher – oder er mimt den fröhlichen Narren.

Neunmalkluge empören sich dann und sagen, die kritischen Geister der unteren Chargen täten sich nur noch moralisierend zu Worte melden. Der freie Flug der Gedanken und Ideen ist abhandengekommen, sei es wie es sei.

In dieser Situation erscheint ein Büchlein mit dem Titel "Freiheit", und es wirkt schon befreiend, den Blick wieder über einen zu eng gespannten Horizont heben zu können. Und frei zu sein in unserer Zeit wird nicht an eine allgemein-intellektuell ausgearbeitete Definition gebunden, sondern an das frei machende Erlebnis des Endes einer diktatorisch strukturierten Lebensform in unserem Lande. Meine Ausführungen folgen den Überlegungen von Joachim Gauck in seinem Essay "FREIHEIT - ein Plädoyer" - und werden von mir teilweise akzeptiert, es wird aber auch widersprochen.

In der Tat, während alltäglicher Zeiten wird nur selten über das große Wort "FREIHEIT" meditiert und diskutiert. Dies geschah auch nicht während der vergangenen 20 Jahre oder in der Zeit der großen Veränderungen Ende der 80er, Beginn der 90er Jahre.

Freiheit - kontrovers

In der Tat, während der alltäglichen Arbeiten wurde in den letzten 25 Jahren zunehmend seltener über das große Wort FREIHEIT meditiert und diskutiert.

Freiheit - beginnt mit dem geringsten Widerstand gegen aufkommendes Unrecht! Daraus ergibt sich die Selbstverständlichkeit, all jenen gerecht zu werden, die den Mut aufbrachten gegen Unrecht aufzubegehren und ihnen einen würdigen Platz in unserer Gesellschaft einzuräumen. Mit Eifer und Selbstgerechtigkeit wenden sich viele denen zu, die fehl gehandelt haben oder zum richtigen Zeitpunkt nicht das Richtige taten.

Mögen sich die vielen Vergangenheitsaufarbeiter lieber denen zuwenden, die es verdient haben, nämlich all jenen, die wie wir Widerständler gegen eine Diktatur den Mut aufbrachten, gegen das Unrecht friedlich in "Wort und Schrift" aufzubegehren.

Freiheit ja - denn "Wir sind das Volk!" Freiheit ja - aber ohne Schönredner - Freiheit ja - aber ohne Schulterklopfer – Freiheit ja - aber ohne Alleinherrschaft eines Einzelnen oder Personenkult - Freiheit ja - aber mit Pluralismus - Freiheit- aber ohne davon ausgegrenzt zu werden - Freiheit ja – jedoch muss sie geschützt werden - Freiheit ja - aber ohne Lug und Trug - Freiheit ja - mit menschlichem Antlitz - Freiheit ja - aber ohne Meinungsmacherei - Freiheit ja - aber ohne dem anderen immer zum Munde zu reden - mit anderen Worten Freiheit: verbunden mit transparenter Ehrlichkeit und Aufrichtigkeit, Freiheit - mit der Achtung vor unserer Umwelt!

Es geschah vielmehr, was in Umbruchzeiten nahezu überall geschieht. Der eigene Nutzen war die alleinige große Triebfeder aller Ereignisse und Handlungen.

Man denke an die Französische Revolution von 1789: Die Menschen wollten anders leben - besser leben. Dafür gingen sie am Ende sogar auf die Straßen, errichteten überall im Land Barrikaden mit dem fantastischen Ausruf:

„FREIHEIT – GLEICHHEIT – BRÜDER-
LICHKEIT"!

Und im 20. Jahrhundert bspw. an die Arbeiten von Berthold Brecht „Die Tage der Com-
mune".

In jedem Leben gibt es immer wieder Situationen, in denen eine Belastung, was auch immer es sei, als unerträglich empfunden wird.
Das kann eine Krankheit sein, aber eher noch
eine als nicht mehr zumutbar empfundene soziale Lage, Veränderung oder Schwierigkeit.

Man möchte befreit sein, einfach frei von
dem sein, das einen bedrückt - oder man ist
begierig, Neues zu erfahren. Die impulsive
Bemerkung, frei für etwas sein zu wollen, ist
besonders häufig dort zu finden, wo es um die
Beziehung zweier Menschen geht. Jeder
möchte frei sein, weil man eine andere Bindung anstrebt oder auch gar keine, was nun
wiederum eine Illusion ist. „Wir sind geboren
zur Lebensform der Bezogenheit" das ist einer
der schönsten Sätze bei Gauck.

Die Absage an den Egoismus, das frei und
reich machende Bekenntnis zur Beziehung,
man kann es auch Liebe nennen, gehört zu den

Eckpfeilern aller Ideen vom heutigen Dasein. Damit ist Anstrengung verbunden, denn die Gegenwart sagt oft etwas anderes, würde eher bezeugen, dass der Egozentrismus alles Leben durchdringt.

Human ist aber, sich der Anstrengung zu stellen und den eigenen Platz im Gefüge menschlicher Beziehungen zu begreifen. Das ist sehr schwer, aber es lohnt das Leben.

In der DDR war die Theorie der „Selbstverwirklichung" weit verbreitet. Sie entstand als Echo auf die Beeinträchtigung der Individualität in der DDR. Der Einzelne sollte nur seinem Streben und seinen Interessen folgen, und schon sei der Weg zum „wahren Menschengeschlecht" frei. Aus dieser Haltung sind die für den Einzelnen und sein Menschsein erst den Reichtum bringenden Gewinne aus der Hinwendung zu dem Menschen neben mir und aus der für Herrn Joachim Gauck so wichtigen Verantwortung für ihn verschwunden.

Anders gesagt: der Einzelne setzt nur dann sein Interesse in Realität um, wenn er zielsicher und nuanciert, bedachtsam auf verantwortliches Sein für andere und mit ihnen zu handeln versteht.

WER EINEN ANDEREN
MENSCHEN LEDIGLICH
INS GEREDE BRINGEN
WILL, UM DESSEN RUF
ZU SCHADEN ODER
IHN VERLEUMDET,
DIESES HANDELN WIRD
STETS BEGLEITET VON
GEZETER, GERÜCHTEN,
VERLEUMDUNG UND
SCHADET SOMIT ALLEIN
DEM RUF DES
VERBREITERS VON
GERÜCHTEN.

Eike-Jürgen Tolzien

In diesem Sinne wird er effizient und wichtig für sich und andere. Menschlicher Reichtum ist nur auf solche Weise zu gewinnen.

Der Egoismus gehört heute in beängstigender Weise zu unserem Leben, wir können ihn zu unseren Gunsten wenden, indem wir nachdrücklich die Ziele und Wünsche unseres Daseins mit denen der vielen neben uns verknüpfen und verzahnen.

Erst in dieser wissentlichen Übereinstimmung des Eigenen mit dem Anderen besteht die Chance, der eigenen Freiheit, dem eigenen Dasein die weitest mögliche Entwicklung zu garantieren. Gauck spricht davon, dass erst später, also nach einer Phase des Anarchischen die Theorien kamen. Ich denke, es wäre eher von einer Zeit zu sprechen, in der sich wie fieberhaft die Ideen und Theorien bedrängten. Alte Gesellschaftstheorien wurden beiseitegeschoben und durch andere Angebote ersetzt, energisch und mit dem Drang nach Geltung. Der Freiheitsgedanke, vorgebracht mit dem Menschenrecht derer, denen die Freiheit in der DDR genommen worden war, rückte in den Vordergrund.

Die Bürgerrechtler waren es vor allem, die seit Beginn der 1980er Jahre neue Ideen in die Diskussion brachten. Heute ist dies bereits Geschichte. Seit mehreren Jahren wurde immer intensiver nach den Freiheitsrechten der Bürger gefragt, die dem Zwang einer Diktatur entronnen sind und nun zusehen müssen, wie sie ihr Leben neu ordnen.

Viele glaubten, dass die Unterschiede der Lebensbedingungen zwischen West und Ost rasch überwindbar seien. Sie werden jedoch fortdauernd zementiert. Mit dem Verweis auf frühere Verhältnisse ist nicht zu klären, warum es heute immer noch große Unterschiede in der Entlohnung zwischen Ost und West und Rentenungleichheiten gibt, warum also die Gleichheit nicht der Freiheit zugeordnet wird.

Die anfängliche Begeisterung für die hochfliegenden Träume, die über das Elend der Kriegs- und Nachkriegszeit triumphieren wollten, wirkte lange nach.

Es blieb auch der Respekt vor all jenen Menschen, die im Namen der Freiheit das Unrecht bekämpft hatten und oft mit ihrem Leben bezahlen mussten.

Die Achtung vor ihrer politischen Haltung gewann gegenüber jenen, die sich anpassten, ängstlich waren und keinen Sinn für das aktive freiheitliche Sein aufzubringen vermochten.

Der rasante Aufbruch des marktwirtschaftlichen Denkens in Ostdeutschland wirbelte alles durcheinander. Die Einen fühlten sich aufgestört, die Anderen ernüchtert, die Dritten schließlich herausgefordert. Gemeinsam war allen, dass man sich einer Situation ausgeliefert sah, die zwar ungeahnte Vorgänge, auch Vorzüge im Ökonomischen mit sich brachte, aber den Einzelnen aus der Bahn zu werfen schien. Der Freiheitsbegriff wurde auf den engen Zirkel des Eigennutzes gezogen. „Ich nehme mir die Freiheit, so zu denken, wie ich will."

Freiheit wird alltagstauglich gemacht. Frei von Sorgen zu sein, frei von Nöten, frei von Bevormundung oder einer Weisung. Das Pragmatische hatte den Vorrang, der sofortige Nutzen schien das Wichtigste zu sein. In einer solchen Situation war es schon wichtig, sich des Wissens zu versichern, was Freiheit für den Einzelnen bedeutet: die Fähigkeit, sich frei seiner Kraft und seines Willens bewusst zu werden und zu begreifen, was mich als einzelnen mit dem Ganzen verbindet. Welche Wechselwirkungen es gibt zwischen den Menschen, mit denen ich lebe.

Frei zu sein, wird auch heute noch als das Streben nach absolutem Freiraum für den Einzelnen angesehen. Die Gefahr des Egoismus, der Verneinung lebensnotwendiger Bindungen liegt nahe. Joachim Gauck geht den notwendigen Schritt über diese Beengtheit hinaus, indem er sagt, dass die Freiheit eines erwachsenen Menschen Verantwortung heiße, Hinwendung und Hingabe, und somit die Bezogenheit als die natürliche Lebensform eines Menschen gelten muss. Bei ihm fehlt nicht der Hinweis, dass diese Worte vor allem jene Beziehung zwischen den Menschen meinen, die wir Liebe nennen. Mit eindringlichen Worten preist er, wie anders, besser und glücklicher der Mensch wird, wenn er Freiheit nicht mit Eigennutz verwechselt und sich bewusst in diesem Beziehungsreichtum begreift. Verantwortung zu üben ist für ihn keine geistige Abstraktion, sondern die Lebensform, die alles bestimmt, was in uns geborgen ist. Er sagt: „Wir verlieren uns selbst, wenn wir diesem Prinzip nicht zu folgen vermögen." Der Weg zum Glück werde, leider, in vielen Ersatzformen gesucht, die letztlich unzufrieden machen.

Ganz anders hingegen ist ein Leben der Ermächtigung, das heißt, ein bewusstes Leben für Menschen, mit denen ich verbunden bin, also ein bewusstes Leben in Verantwortung. Somit ist die Hinwendung zum Nächsten als Lebensform oder als ein großes Glück zu begreifen, wobei eben dies als Potenz in unserem Leben, in der Art unseres menschlichen Seins angelegt ist.

In den ersten Jahrzehnten nach dem Zweiten Weltkrieg wurde viel über Entfremdung diskutiert. „Das Eigene und das Fremde" hieß ein weithin beachtetes Buch des jungen Alfred Kurella in der DDR. Alle Werke von Franz Kafka können zu diesem Thema genannt werden, wenn man nach der zeichenhaften Darstellung des Zustandes sucht, den man als Leben in einer fremd und unheimlich, bedrückend und wie ein Alptraum wirkenden Umwelt bezeichnen kann. Diese Bücher wurden in der ersten Hälfte des 20. Jahrhunderts geschrieben, wirkten jedoch erst in der zweiten Hälfte.

Die damalige schwierige Lebenssituation vieler Menschen war die Ursache für diesen Erfolg. Der Einzelne fühlte sich bedrückt von äußeren, auf ihn wirkenden und seine Lebenssituation deformierenden Mächten. Jedoch, als Einzelner kann der Mensch nicht existieren, er sieht sich bedrängt von den anonym gewordenen Mächten und hat die Angst, als Individuum zugrunde zu gehen. In Kafkas Roman „Der Prozess" bleibt das blind umherirrende Subjekt wie eine leere Hülle zurück, erschöpft und ausgelaugt.

Und in der Erzählung „Die Verwandlung" kann es gar nicht aus seiner Deformation heraus. Es tritt dem Leser bereits als ein in der Hülle eines gepanzerten Käfers gefangenes Wesen entgegen.

Groß ist die Zahl der Bücher, in denen dieser Zustand beklagt wird: „Lieblose Legenden" von Wolfgang Hildesheimer, „Spätestens im November" und „Nach dem letzten Aufstand" von Hans Erich Nossack. Nicht zufällig wurde über Verzweiflung, tiefste Einsamkeit und Resignation gesprochen, wenn man diese Bücher nannte.

Beziehungslosigkeit und Bindungsunfähigkeit wären da hinzuzufügen.

So bewegend jedoch der Schmerz war, der aus diesen Büchern sprach, so wenig boten sie die Möglichkeit, der Vielfalt der Beziehungen zwischen den Menschen gerecht zu werden. Es geht nicht anders - jeder Schritt voran zur Erkenntnis des Gewebes der Verbindungen zwischen den Menschen ist ein Schritt in Richtung Freiheit.

Aus dieser Situation heraus erklären sich die Versuche, die beispielsweise Christa Wolf mit ihrer Lesart der Selbstverwirklichung unternahm. Wie kaum ein anderer Schriftsteller in der DDR lebte sie von dem Versuch, den Einzelnen in der Vielfalt seiner Bezüge zu zeigen und das Wohl und Wehe des Menschen eben aus der Art und Weise dieser Verbindungen zu erklären.

Die Theorie der Selbstverwirklichung war sehr einflussreich und konnte zum Wegbegleiter vieler Menschen in ihrem Bemühen werden, den eigenen Platz in der Welt zu bestimmen, den eigenen Wert zu erkennen und sich mit Hemmnissen auseinander zu setzen.

Gegenwärtig wird der Einzelne fortwährend darauf gestoßen, dass ihm Ereignisse als völlig logisch erscheinen. Ihm wird ja täglich suggeriert, was er als die Wahrheit annehmen soll. Aber schon der zweite Blick zeigt, dass man gar nichts weiß bzw. bemerkt, dass die Ursachen und Zusammenhänge nicht erkennbar sind. Thesen und Reden verschleiern mehr als sie erhellen. Manchmal ist schwer zu erkennen, ob einer nur seine Meinung sagt oder ob er Interessen vertritt, die schlicht und einfach wider das Menschenrecht gehen. Man denke nur daran, dass heute nahezu jede Nachricht mit dem Problem der Schulden verknüpft ist. Wer aber weiß schon, woher eigentlich diese Schulden kommen, wo die Ursache dafür liegt, dass es so kommen musste. Der banale Verweis auf schlechte Haushaltsplanung und -führung kann doch nicht mehr gelten, wenn ein Land nach dem anderen unter dieser Bürde zu stöhnen beginnt.

Heiner Geissler sagte kürzlich, dass die Zeit der sozialen Marktwirtschaft vorbei sei, heute herrsche die ungezügelte Anarchie des Marktes. Früher habe die Folge: Produktion - Konsumtion - Akkumulation gegolten, heute herrsche die ungehemmte Wildheit des Geldkapitals. Das Geld habe sich verselbstständigt, es habe seine eigenen Gesetze und treibe alles vor sich her. Alarmiert betonte er, dass früher 80% der Bürger dem Staat vertraut hätten, heute wären es nicht einmal die Hälfte.

Ganz sicher ist dies der Fall. Unzähligen greifen die Schulden nach der eigenen Existenz, und jeder hat das mulmige Gefühl, so gut wie hilflos einer unbekannten Situation ausgeliefert zu sein. Dies wiederum ist der Nährboden für wilde Spekulationen, für die Klammerung des Diskurses an einzelne, oft grell wirkende Ereignisse, an etwas, das spektakulär aus dem Alltag herausragt. Die überhand nehmende Diskussion um und gegen so genannte „Verschwörungstheorien" ist eines der vielen Zeichen dafür.

Wenn dann selbst Wissenschaftler wie der Trend- und Zukunftsforscher Matthias Horx unverdrossen fordern, sich nicht aufzuregen und alle Krisen usw. als das völlig Normale zu betrachten, dann wird man schon hellhörig. Er meinte jüngst, dass sich die öffentliche Meinung zu sehr im Moralisieren ergehe, und er schalt auch jene, die sich mit flammenden Kommentaren ,besserwisserisch' bei jedem Anlass zu Wort melden würden und empfahl Gleichmut. Es hätte ihm besser angestanden, nichts zu verniedlichen, sondern nach gelassener Aufklärung zu drängen, näher an die wirklichen Zusammenhänge heran. Klarer sehen lernen und nicht vernebeln wollen. Und zu sagen wäre, dass das Moralisieren dem bedenklichen Mangel an Durchschaubarkeit der Umstände, also an Freiheit zu schulden ist.

Der Einzelne will sich nicht mehr vorschreiben lassen, wie er denken, reden und urteilen soll, und schon gar nicht gern belehrt werden, in welcher Breite und Tiefe er denken soll.

Von den Meinungsmachern wird übrigens sehr gern eine gängige Lesart vorgegeben. Als die Diskussion um die exorbitant hohen Jahreszahlungen an einige Manager der Industrie, vor allem der Banken, aufzukommen drohte, wurden Artikel mit der Frage betitelt, was man da wolle, der XY wäre doch ein so guter

DIE WÜRDE,

DAS EMPFINDEN

UND DAS LEBEN

EINES JEDEN

MENSCHEN

SIND

UNANTASTBAR!

Eike-Jürgen Tolzien
Prof. Dr. Anneliese Löffler

Mensch. Auch auf solche Weise wird einge-
engt und die Brisanz der Frage weggedrückt
und die Freiheit der Moral in trügerischer Weise missbraucht.

Wir erleben im Grunde täglich, wie mit
dem Begriff „Freiheit" sehr vielseitig, auch
aufsässig und vielleicht auch provokativ umgegangen wird. Frei will ich meine Meinung
sagen dürfen, frei will ich mich in Bindungen
begeben, frei will ich mein Leben organisieren.
Nahezu jeder sagt einmal, dass er sich frei
entscheiden will und dass nichts dies beein-
trächtigen darf. Frei ist die Partnerwahl und
auch die Art, wie ich Partnerschaft leben will.
Die heute zu bewertende Belebung der Diskussion um die Freiheit hat alles aufgesogen,
was in langen Zeiten davor bereits geäußert
wurde.

„Wer von Freiheit spricht, spricht stets von
jemandes Freiheit und in der Regel von seiner
eigenen", so der Schriftsteller Peter Hacks,
oder der allseits bekannte Spruch, wie für das
Poesiealbum: „Und handle so, als hinge von
dir und deinem Tun allein das Schicksal ab der

ganzen Dinge und die Verantwortung wäre dein."

Immer wieder und ganz sicher zu Recht, wird auch Immanuel Kant zitiert: „Handle so, dass die Maxime deines Willens jederzeit zugleich auch als Prinzip einer allgemeinen Gesetzgebung gelten könne."

Ganz natürlich wird von Freiheit vor allem in Bezug auf die ganz alltäglichen Verrichtungen und Beziehungen des einzelnen Menschen gesprochen. Aber dank der heute vorhandenen Vernetzung des Individuums mit der ganzen Welt gerät dies sofort ins Allgemeine. Und die Furcht lastet auf den Menschen, weil sich alles täglich, ja stündlich zu ändern scheint. Nur so ist die flapsige Bemerkung zu begreifen, dass man ja schwimmen könne, wenn man halt ins Wasser geworfen werde.

Das alles spricht davon, wie hilflos, ja furchtsam die Reaktion auf Zustände ist, die als nicht mehr beherrschbar erscheinen. Dies treibt oft seltsame Blüten, auch hysterische. Solche Elemente finden sich heute in fast allen öffentlichen Debatten.

Wenn ein Denker wie Matthias Horx daraus jedoch den Schluss zieht, jeder solle sich gefälligst auf die eigene Individualität zurückziehen, dann wird ein Zustand von vorgestern zementiert: „Mit Freiheit braucht man in Deutschland gar nicht erst zu kommen. Dieser Begriff ist total verhunzt, denunziert, durch den Kakao der FDP-Häme gezogen, im Feuer der Finanzmärkte untergegangen, in zementierter Staatsgläubigkeit ersoffen. Die eigentliche Dauertalkshow, dazu braucht man noch nicht einmal einen Fernseher, ist die Rede vom neoliberalen Kapitalismus. Wir leben in einer ideologisierten Nörgelkultur, die alles vom Staat fordert und jeden seiner Repräsentanten unentwegt ‚Scheiße' findet."

Wir können, so meint er, „uns wunderbar aufregen, ohne uns nur ein einziges Mal an unsere eigene Nase zu greifen." Von Gauck erhofft er, dass er Wind in dieses Dickicht blase, vor allem jedoch ihm beipflichte, wenn er sagt, dass Freiheit entstehe, indem „wir uns mit unseren eigenen Brüchen, Ängsten und Verlogenheiten auseinandersetzen".

Wie wahr und dennoch wie einseitig - also doch nicht wahr, denn hier lockt Horx auf den

Weg des Rückzugs auf das eigene abgekapselte Ich. Offenkundig wird gar nicht erwogen, dass der Einzelne sich erst frei fühlen kann, wenn er sich als Mensch begreift, der, seinem Wesen gemäß, auch zuständig ist für das Gemeinwesen.

Die Kehrseite dieser Ansicht ist die Abkehr von den Einzelnen, die gerade bei den Politikern zu bemerken ist. Gewiss wird dies bestritten werden, denn man nennt sich ja Vertreter des Volkes, hat auch seinen Wahlkreis - und will sogar vom Volk wiedergewählt werden. Ist es aber auch wirklich so, dass jeder einzelne Politiker sich wirklich als ein Mensch betrachtet, der mit allem, was er ist und was er tut, sich als eine Person begreift, die für das steht, was man das konkret belegbare Interesse an Menschen nennen könnte?

Es wurde nicht einmal versucht, eine solche Verbindung als Ausgangspunkt der eigenen Auslassungen zu nehmen. Auch wenn von Vergütungen gesprochen wurde, ging der Blick auf die, sagen wir einmal, oberen Schichten, nicht etwa auf die unteren. So konnte vor Kurzem eine kleine Meldung unbeachtet durch die

Zeitungen gehen, dass sich die Abgeordneten des Bundestages eine saftige Erhöhung der Diäten gesichert hätten. Jetzt ist dem einzelnen Abgeordneten eine Summe garantiert, die dem Einkommen des Bürgermeisters einer mittelgroßen Stadt in Deutschland entsprechen könnte. Und dies geschieht inmitten einer Debatte um den Mindestlohn und das Grundeinkommen. Sie sind sehr überzeugt von sich, unsere Abgeordneten - die Wähler von ihnen allerdings nicht gar so sehr.

Die Unlust, zu den Wahlen zu gehen, ist ein deutliches Signal. Und damit ist auch das jetzige System der repräsentativen Demokratie zur Wandlung und Erneuerung aufgerufen. Mit den grob geschnitzten, für den Alltag kaum brauchbaren Programmen der Parteien und mit der starren Fraktionsdisziplin ist es nur ungenügend offen für das wachsende Bedürfnis der Menschen, mitreden und sich einbringen zu wollen, vorher genau und präzise über die politischen Zielrichtungen informiert zu werden.

Gewiss sind die Medien das bündelnde, auch verbindende Instrument zwischen allen Schichten der im Land lebenden Menschen.

Derzeit ist es aber Mode geworden, sie wegen ihrer Gleichförmigkeit und Anmaßung zu schelten und nicht die Erfüllung ihrer Funktionen einzufordern.

Joachim Gauck hingegen ermutigt die Menschen, selbstbewusster zu werden, einfach bewusst zu reden und zu handeln, wie es dem individuellen Dasein in der heutigen Welt entspricht. Der Begriff „Ermächtigung", den er wählt, ist nicht sehr handlich, aber trifft das Problem.

Tatsächlich liegt über ihm die Aura der Verheißung, denn verbunden mit ihm ist die Idee, dass in einem Leben mit dem Bezug auf andere die Freiheit und damit das Glück des Einzelnen liege.

Die Herausforderung der Gesellschaft durch Herrn Gauck besteht gerade in der schlüssigen Orientierung auf eine Individualität als Bündelung unzähliger Beziehungen, und das unabhängig von der Willenserklärung des einzelnen, ob er das nun mag oder nicht. Als frei wird eben derjenige verstanden, der sich bewusst in dieses Geflecht von Beziehungen stellt, der sich mit freimachender Einsicht in den Bedingungen seiner Existenz erkennt.

Die Hinwendung also als beste Form der Verwirklichung des eigenen Ichs.

Als frei wird Derjenige verstanden, der sich bewusst der Realität stellt und sich mit freimachender Aussage am demokratischen Prozess beteiligt.

Unsere demokratische Gesellschaft hat sich auch dem zuzuwenden oder anzunehmen, egal ob bestimmte Begebenheiten nun gefallen oder nicht.

Es gehört zu einem demokratischen Prozess dazu, sich gerade auch der Dinge anzunehmen, die sehr kompliziert erscheinen, um trotzdem auch für diese komplizierten Begebenheiten konstruktive Lösungswege zu finden.

Ohne Zweifel bedarf es dazu größter Anstrengungen und Reibungen gerade in der heutigen Zeit, die auszuhalten es sich aber lohnt.

DEMOKRATEN,

DIE HARTZ IV,

ARMUT,

ARBEITSLOSIGKEIT,

NULLRUNDEN,

DIKTATUREN,

INFLATION,

STAATSVERSCHULDUNG,

LUG UND TRUG

ZULASSEN,

SIND FÜR DIE VÖLKER

NICHT GUT!

Eike-Jürgen Tolzien

Es ist ohne Zweifel die Freude an der Demokratie!

Joachim Gauck hat für seine Gedanken zu diesem Thema den Begriff „Toleranz" gewählt, und sagt gleich eingangs, dass für ihn nicht der Gleichgültige tolerant ist, sondern Gleichgültigkeit geradezu ein Synonym für Verantwortungslosigkeit sei. Er betont, dass wir erst dann glaubwürdig sind, wenn wir uns voll zu erkennen geben, also tätig werden. Also auch hier das Aktive als Zeichen des Menschlichen. Wer möchte widersprechen, wenn zu lesen ist, dass nur derjenige, der seiner Werte sicher ist, auch die Werte eines anderen tolerieren kann, und nur ein seiner selbst gewisser Mensch auch ein guter Partner ist.

Gauck springt rasch von diesen Grundsätzen zu allgemein gesellschaftlichen Linien und fragt, warum im Diskurs der Kulturen die Freude des Westens an einer zu bewahrenden Freiheit kaum spürbar sei. Er sagt, so wie jeder Einzelne sein Eigenes schützt, müsse man auch als Gesellschaft das Erreichte bewahren und schützen, und er meint:

„Wenn wir politische Freiheit gestalten wollen, gebe es nicht allzu viele Varianten. Ich jedenfalls kenne keine, die den Grundsätzen dieser westlichen Variante von Eigenverantwortung vorzuziehen wäre."

„Demokratie", so seine Worte „ist nicht vollkommen, aber ein lernfähiges System, das Vorbildcharakter hat, andere Entwürfe hätten sich nicht behaupten können." Und, so fügt er hinzu: „Entscheidend ist die Teilhabe an der Macht oder die Unterwerfung unter die Macht, die uns zu Bürgern oder Nicht-Bürgern macht."

Na, nun aber! Aus dem Dialektiker Gauck wird der mechanische Zeiten-Einteiler, der erst einmal, da wir ja in der Besten aller Welten leben würden, in der Einfügung und Teilhabe an der Macht das wirkliche Heil erblickt. Hegel lässt grüßen. All jenen, die in den Mechanismen dieser Macht gefangen sind, wird es nur wenig oder gar nicht zusagen, dass sie wohl nur nach der geistigen oder bewusst sich unterwerfenden Freiheit streben dürfen, oder halt - nur nach der Vervollkommnung des eigenen Selbst, wie es ja Horx auch gefiele.

„FEHLENDE KOMMUNIKATION"

POLITIKER, DIE AUF DIE
FRAGEN VON BÜRGERN
NICHT ANTWORTEN,
MACHEN SICH DURCH
SOLCH EIN VERHALTEN
NICHT NUR UNBELIEBT,
SONDER SIE MACHEN
SICH DADURCH NICHT
VERTRAUENSWÜRDIG!

JEDER MITARBEITER EINES
UNTERNEHMENS WIRD SOFORT
ACHTKANTIG GEFEUERT, WENN
ER SO MIT KUNDEN UMGEHEN
WÜRDE.

Eike-Jürgen Tolzien

Da sie Grundlage unseres gegenwärtigen Lebens ist, darf sie nicht geschmälert werden. Ihre Lebensfähigkeit wird aber erst dann hoch geachtet werden können, wenn sie es möglich macht, die beim Streben nach einem freiheitlichen Leben auftretenden Spannungen auszuhalten und auf einen erfolgreichen Lösungsweg zu führen. Joachim Gauck schließt mit der Meinung, dass nun, also mit dem Sieg der westlichen Demokratie nach dem Zweiten Weltkrieg die Freiheit gekommen sei und man sich jetzt fragen müsse, wie man sie gestalten wolle.

Der Drang nach dem besten Leben und nach dem bewussten Einsatz aller Fähigkeiten zum Nutzen des Allgemeinwohls wird aber gerade bei jenen Menschen zum steten Drang nach Veränderung führen, die heute ja im Besitz der weltweit vorhandenen Informationsfülle sind und sich nicht mehr in einen engen Zirkel einschließen lassen werden. Die national geprägten Grenzen festigen sich im gleichen Maße, wie der Drang nach Überwindung ihrer Beschränktheit wächst.

Die moralisierend sich zeigende Empörung wird mit jedem Gewinn an Einsicht klüger und durchdachter werden, oder die Urteilsarten werden sich verbünden.

Es ist dies kein schöner Traum, oder gar eine phantastische Schwärmerei, sondern ist die Folgerung aus der bisherigen Entwicklung bzw. aus der Erkenntnis der Eigenart bisheriger Vorgänge.

Einerseits ist Kants philosophisches „Vernunftangebot" heute aktueller denn je, und gewiss sollte uns immer wieder vor Augen geführt werden, dass man begreife, dass man immer für das Eigene und für das Allgemeine einzustehen habe. Zugleich ist aber zu spüren, wie das Gefühl bleibt, dass hier zu wenig gesagt wird.

Die Zwänge für den freiheitlich strebenden Menschen sind sehr groß, aber kein mit Vernunft und Verstand begabtes Wesen wird sich der Verantwortung entziehen, die an den gegenwärtigen Stand der Individual- und Allgemeinentwicklung gebunden sind: den Anspruch auf Informationsdichte und -qualität, sowie an das Recht auf souveräne Gestaltung des eigenen und Mitgestaltung des allgemeinen Leben.

Für diejenigen, die in der arbeitsteilig sehr hoch differenzierten Gesellschaft die sehr ehrenvolle Arbeit des politischen Gestaltens übernommen haben, wird dies natürlich immer schwerer fallen und auch die öffentliche Anerkennung problematischer. Die gegenwärtig zu beobachtende Erstarrung der politischen Verhältnisse in ein immer fremder werdendes „Oben" bei weitgehender Nichtachtung der Bedürfnisse des „Unten" droht in die Gleichgültigkeit, Verweigerung und Missachtung breiter Teile der Bevölkerung umzuschlagen. Immer mehr Bürger entziehen sich dem Wahlvorgang und zwar nicht aus Bequemlichkeit, sondern aus dem Gefühl der Sinnlosigkeit heraus, ungefähr so: „Die da oben machen sowieso was sie wollen, egal wen ich da wähle."

Neuerdings ist es üblich geworden, kleinere Summen aus dem Gesamtbudget der kommunalen Haushalte herauszulösen und die Bürger zu fragen, was man damit anfangen solle. Beteiligung also am Rande, aber wohl doch nur, um das Ganze abzuschotten.

Allerdings müssen das Wissen und die Emotionen in Bezug auf das Ganze, auf die großen Zusammenhänge, aktiviert werden, wenn man von der Realisierung der freiheitlichen Existenz des Menschen sprechen will.

Gegenwärtig läuft es doch in Deutschland eher so, dass die Oberen etwas beschließen und dann fragen, wie man es dem Volke beibringen will. Oder sie tun es gar nicht, sondern sie berufen sich auf bestehende Gesetze und fördern die Formalität.

Der Blick auf die im Grunde durch und durch rücksichtslose Durchsetzung von Individualinteressen, wie sie derzeit in unserer Gesellschaft zu bemerken ist, und die tödlich für die Existenz freiheitlicher Verhältnisse sein kann, beweist dies hinreichend.

Eine der größten Bedrohungen für die freie Existenz von Milliarden Menschen ist die Gefahr des atomaren Todes.

Der alles umfassende Wunsch, frei von Furcht leben zu dürfen, kommt von daher und bestimmt die Haltung unzähliger Menschen. Wenn einer glaubt, die Hoffenden seien in „zementierter Staatsgläubigkeit ersoffen" und dann schließlich nur die „exzeptionelle Individualität" als Gegenpol finden kann, ist das ein Versagen vor der Geschichte und vor der Aufgabe, die Wissenschaft heute leisten muss.

Wenn hier blinde Staatshörigkeit vorherrscht, sollte die Wissenschaft in erster Linie auf Aktivität der Verantwortlichen zur Aufklärung und Beseitigung der Gefahren dringen, um so den Schutz der sich in ihrer Freiheit bedrohten Menschen zu garantieren.

Wo bleibt der Protest der Wissenschaft, wenn heute noch und überall Atomkraftwerke gebaut werden und die Misere der Endlager nirgendwo aufgehoben werden konnte?

Frei von Furcht vor dem Atomtod sein zu können, gehört heute zu den erstrangigen Zielen eines jeden Strebens nach Freiheit und emanzipierter Individualität überhaupt.

Man wähle ein anderes Problem, um erkennen zu können, dass jedes Streben nach Freiheit heute international gebunden ist. Aus Afrika wurde jüngst berichtet, dass dort fast die ganze Textilindustrie zusammengebrochen ist, weil die Menschen ihre (billige) Kleidung von einem weit gespannten Handelszweig beziehen, der sich vollständig aus den in Europa gesammelten Altkleidern speist. Wir haben ein Ministerium für Entwicklungshilfe, das diese Situation nicht erkannte, obwohl gerade das

Verständnis für die Menschen in Afrika, eben für deren Freiheit dies verlangt hätte. Stattdessen wurde Geld gegeben, oder es wurden selbst entwickelte Objekte gefördert, im Grunde also versucht, das Eigene dem anderen aufzudrücken. Und nebenbei, so wird berichtet, versorgt der Minister seine Parteifreunde mit lukrativen Posten im Ministerium.

Da die Versorgung mit Ämtern offenbar zum Verständnis des Wahlerfolges gehört, wunderte sich auch der ehemalige Verkehrsminister Ramsauer, dass ihm vorgehalten wurde, enge Freunde mit guten Posten versehen zu haben.

Er meinte nur: „Wieso, wir haben doch die Wahlen gewonnen." Nicht also Sorge um den nach freier Entwicklung strebenden Menschen, sondern Sicherung der Macht ist der wichtigste Bestandteil des Strebens der verantwortlichen Politikergilde.

Warum wird nur selten oder ungenau nach den Ursachen und Zusammenhängen gefragt und kaum offen dargelegt, woher ein Konflikt wirklich kommt, worin die Notwendigkeit für neue Aktionen und Aufgaben für Politik und Gesellschaft besteht.

**MERKEL, SEEHOFER,
WESTERWELLE
NUN RÜCKT
DAS VOLK
IHNEN AUF DIE PELLE
SONNENSTRAHLEN
BRAUCHEN WIR
ZUM LEBEN.
DIE STRAHLEN VON
ATOMMEILERN
UND ENDLAGERN
SIND VOLL DANEBEN.**

WIR SIND DAS VOLK!

Eike-Jürgen Tolzien
Prof. Dr. Anneliese Löffler

Wenn von missfällig veränderten sozialen Beziehungen gesprochen wird und ein kritisches Wort zu hören ist, wird empört auf eine Neidhaltung verwiesen, oder der über alles Maß Bevorzugte wird schlicht als ein „sehr guter Mensch" bezeichnet, was sodann ja wohl nicht zu bestreiten wäre. Sie predigten öffentlich das Wasser und tranken heimlich den Wein. Zu hören war jüngst von einem Journalisten, der aufgedeckt hat, wie in recht geheim gehaltenen Seminaren sich Unternehmer und ihre Chargen in der Fähigkeit schulen lassen, ihren Untergebenen das Leben so schwer wie es geht zu machen.

Kafka lässt grüßen, das Streben nach Freiheit war dann wohl doch von gestern? Schlagworte helfen da wenig. Meist wird heute ein möglichst aussagekräftiges Wort gesucht, um auch wirklich die Aufmerksamkeit zu binden. Wir brauchen einen Rettungsschirm, so tönt es allenthalben. Eine freiheitliche Haltung wäre, genau zu sagen, welche Ursachen es gab diesen Rettungsschirm zu etablieren und wer der Verursacher bzw. Nutznießer von Situationen war, die ihn in so vielen Ländern nötig machten.

Es ist doch unübersehbar, dass eben dieses Wissen um die Zusammenhänge fehlt und sich in der Folge zwangsläufig das Interesse der vielen auf das leicht Erkennbare, das leicht Fassbare und mit Alltagsbewusstsein leicht Begreifbare richtet.

Und dann kommt es zu Zuspitzungen bzw. zu dem, was man moralisierende, eingeengte oder auch eifernde Reaktion nennen kann. Und wer dies nicht will, der sieht sich mit den Folgen der Informationsflut konfrontiert. Die freiheitliche Chance des Buchdrucks aller hergestellten Manuskripte hat zu einer Masse des bedruckten Papiers geführt, die heute schon wieder als Anachronismus bezeichnet werden muss. Sie ist nämlich nur noch als Bestätigung des Egos zu erkennen, nicht mehr als Bindung zwischen den Menschen.

Gerade in dem Augenblick, wo der Chronist konstatieren muss, dass sich mit der ungeheuren Flut von Informationen und Mitteilungen eine völlig neue Etappe der Freiheit herausgebildet hat, verlangen neue Widersprüche unsere Haltung. Und unsere Suche nach Antwort stößt zuerst auf den Fakt, dass sich ja die alten Sorgen noch nicht erledigt haben.

DEM MAUERFALL
1989
MUSS NUN AUCH
NOCH DER FALL
DER MAUER IN
SO MANCHEN
KÖPFEN
UNABDINGBAR
FOLGEN!

Prof. Dr. Anneliese Löffler

Wer eigentlich darf sich heute schon frei in unserem Land fühlen und verstehen?

Müssen wir nicht sehen, dass der Hang zur Fremdheit, zur Resignation und zur Abgeschiedenheit überhandnimmt bzw. eine solche Situation auch noch verklärt wird? Wir hätten dann wieder eine Entfremdung, bzw. eine bewusste Isolierung des Ichs von der Umwelt zu bemerken. Dies gibt es, aber es gibt vor allem das andere: Deutlich bemerkbar ist der Hang zu Aktionen, zur Protesthaltung, zum Verlangen, dem eigenen Willen, der eigenen Person, der eigenen Persönlichkeit mit all ihren Beziehungen zum Recht zu verhelfen. Manchmal ist diese neue Art der Reaktion ungewöhnlich, mag auch absonderlich erscheinen. Zu sehen ist dies an der Art, wie neue Parteien entstehen und an dem Zulauf, den sie erhalten, obwohl nicht einmal ein Programm vorliegt. Oder an den Formen des Protestes, wie man an der Occupy-Bewegung sehen kann. Wer nicht versteht, wie merkwürdig eine unter Druck gehaltene Empörung sich Luft zu schaffen versucht, der kommt mit der Keule der Entrüstung und geißelt das Ungewohnte.

Kein Weg angemessen zu reagieren, ist die strikte Ablehnung solcher Haltungen und Aktionen. Als Ausdruck neu entstehender freier Lebensformen sind sie zuerst zu begrüßen und dann zu befragen. Es dürfte auf die Dauer kaum sinnvoll sein, in einer Welt, die neue Verzweigungen des universalen Zusammenhalts hat, nur den eigenen Hof zu bestellen und entmutigt beiseite zu rücken, wenn der Nachbar auch seine Rechte einfordern will. Im Augenblick, so scheint es jedenfalls, befinden wir uns auf der Stufe des Übergangs von der repräsentativen Demokratie zur direkten Demokratie. Der Parlamentarismus in seiner derzeitigen Form wird wohl auf den Prüfstand zu stellen sein, doch zur wirklich lebbaren direkten Demokratie haben wir den Weg noch nicht gefunden. Eine bloße Ausdehnung des bisher Geübten kann ohne Analyse der Lage nicht die Antwort sein. In diesem Sinne wird die Idee der Freiheit zur entscheidenden Bewährungsprobe für die lebendig Aktiven.

Freiheit leben ist, um nun wieder Gauck zu folgen, ohne begriffene und im Praktischen bewährte Toleranz undenkbar.

JEDE DEMOKRATIE IST
DAZU VERPLICHTET,
BÜRGERN, DIE SICH ALS
MÜNDIGE, BEWUSSTE,
ENGAGIERTE BÜRGER
IN DIE POLITIK
EINBRINGEN MÖCHTEN,
ZU FÖRDERN UND ZU
UNTERSTÜTZEN.
UNABHÄNGIG DAVON, OB
SIE ORGANISIERT SIND
ODER NICHT!

Prof. Dr. Anneliese Löffler

Verantwortlich ist zu prüfen, welche Zustände nicht als freiheitliches Dasein verstanden werden können. Was hingegen erstrebt werden sollte - in diesem Sinne ist Freiheit mit Gleichheit und Brüderlichkeit, mit Verantwortung jedes Einzelnen und dem höchsten Anspruch an ihn gleichzusetzen. Durchaus ist angebracht, den Begriff der Freiheit in das alltägliche Leben des Einzelnen und des Ganzen einzufügen und so die Sinne zu schärfen für das dem Menschen zutiefst eigene Streben nach bewusstem Handeln im Sinne der bestmöglichen Veränderung des menschlichen Daseins hin zum Frieden und zum Glück.

Was nun?

Jeder sehnt sich nach der Freiheit, jeder führt das Wort im Munde, verlangt die Freiheit, beruft sich auf sie und möchte sie sofort haben. Kaum einer beginnt bei sich selbst, jeder redet über ein oft imaginäres Verlangen, will aber heftig dafür streiten und gern mit denen die Klingen kreuzen, die vielleicht oder wirklich im Wege stehen.

Freiheit öffnet Türen, Joachim Gauck hat sie aber wieder zugeschlagen, als es darum ging, auch die Gegenwart als veränderbar und sogar als notwendig zu verändern darzustellen. Im Augenblick wirkt alles wie festgefahren, über die Rettungsschirme wird weiter orakelt.

Aber Rettungsschirme beseitigen nicht die Ursachen der derzeitigen fehlerhaften Politik in Europa. Eine gemeinsame europäische Währung löst nicht die jetzigen Versäumnisse und Probleme in Europa.

Eine gemeinsame europäische Politik, Wirtschaft, Ökonomie, Finanzkontrolle, Bankenregulierung unter der Hoheit eines europäisch gemeinsam gewählten Präsidenten, wird vielerorts gewünscht.

Das bedeutet also eine gemeinsame europäische Interessengemeinschaft, eingebunden in eine gemeinsame Wirtschafts- und Finanzpolitik.

Dies ist die Grundlage einer starken europäischen Gemeinschaft!

Bedrohliche Pleiten ganzer Länder stehen wie ein Menetekel am Horizont, nach den Ursachen und Zusammenhängen wird gar nicht gefragt, stattdessen wächst die Zahl düsterer Prognosen.

Die Menschen, die schwer um ihre Existenz kämpfen müssen, werden auch künftig das Gefühl haben, sich nur mit äußerstem Engagement über Wasser halten zu können. Wir werden uns weiterhin wundern, dass die Betrachtungen zur Lösung sozialer Fragen bei einem Jahreseinkommen ab 50 000 Euro aufwärts beginnen, dabei liegt die Mehrzahl der sehr fleißigen arbeitenden Menschen weit entfernt von diesem Luxusniveau. Und dauerhaft wundern werden wir uns schon, wenn wir die steigende Zahl der Einkommen in ein- oder zweistelliger Millionenhöhe zu hören bekommen.

Wir werden begreifen müssen, dass die Bindung der menschlichen Würde an das hergestellte Produkt verloren gegangen ist, welche Beziehung hat ein Mensch noch zu einem Gegenstand, mit dem ihn nur noch ein Handgriff verbindet?

Ich kaufte einen Sekretär für mein Büro, der in England entworfen, in China zusammengebaut, irgendwo in Europa lackiert und in Deutschland gehandelt wurde. Keiner war zuständig, als wir die zahlreichen Mängel beanstandeten und keiner konnte wirklich sagen: „Ja, das ist mein Produkt, für das ich stehe."

Noch einmal Horx: „Seien wir ehrlich. Die demokratische Idee ist gescheitert. Wir wollen jemanden, der sagt, wo es lang geht." Und, so meint er, wir brauchten eine Monarchie. Die Leute unten hätten was zum Schmalzen und Sehnen, und die da oben könnten so dumm sein wie sonst etwas, Hauptsache, sie verstünden zu repräsentieren.

Er mag das schon ironisch gemeint haben, aber ein Blick in die falsche Richtung ist es allemal.

Mut zu allem ist wahrscheinlich die erste Bürgerpflicht, der Demokratie wieder zu ihrem Recht zu verhelfen und nicht an einen Parlamentarismus zu glauben, der oft genug nur noch die Karikatur seiner selbst und alles andere als ein Instrument der Freiheit ist. Wenn man sieht, wie im Bundestag ein rührend kleines Häufchen von Parlamentariern sich verstreut in den Reihen sitzend verliert (auf den Zuschauertribünen gibt es ein dichtes Gerangel) und sich die Redner mit Scheingefechten vor den Kameras breit und bekannt zu machen

UNSERE
DEMOKRATIE
MUSS AUCH
JENE
DEMOKRATEN
ACHTEN,
DIE DEN MUT
HABEN,
NEIN ZU SAGEN.

Prof. Dr. Anneliese Löffler

suchen, dann kann einem die blanke Angst packen. Man weiß ohnehin, dass alles bereits vorher entschieden ist und die längst bekannte Mehrheit mit ihrer Fraktionsdisziplin (Fraktionszwang bei Abstimmungen) einfach das bereits schon Entschiedene noch einmal als das zu Realisierende bestätigt. Warum sollen sich denn da auch die lieben Parlamentarier noch einmal Mühe geben oder sich verpflichtet fühlen, da zu hocken und den Hosenboden zu wetzen?

Politiker lasset den Worten auch endlich einmal Taten folgen!

Als die „Piraten" kamen und vorerst nichts anderes sagten als darauf hinzuweisen, dass der Kaiser ja gar keine Kleider trägt, sondern nackt ist, was heißt, dass sie einfach die bisher geltenden Regeln nicht akzeptieren wollten und auf Massen-Mitspracherecht drangen, war das Geschrei groß. Statt sich zu besinnen und zu fragen, welche „Alarmglocken" hier angeschlagen waren, wurde behauptet, das habe man alles schon und man brauche gar nichts anderes. Und die Neuen sollten erst mal zeigen, dass sie wirklich etwas Neues, etwas ganz Anderes wollen und umsetzen können.

Es stünde unseren Demokraten bestens an, gerade mit dem Blick auf das hehre Ideal der Freiheit zu fragen, was zu klären und zu bewältigen von ihnen versäumt wurde, um aus diesem Ideal Realität werden zu lassen. Unsere Demokraten kommen aber sofort wieder mit alten Hüten oder werden zu „Schulterklopfern" von Joachim Gauck.

Sind wirklich alle Gedanken auf die Förderung des Mitspracherechtes von Millionen gerichtet, wenn es um die Lebensfragen eben dieser Millionen geht?

Wer keine Arbeit hat oder nicht ausreichend entlohnt wird, der kann nicht recht ergiebig nachsinnen über die Freiheit seiner Persönlichkeit. Wenn noch heute an allen Ecken und Enden der Welt der Atomtod lauert, dann ist die Existenz gefährdet und die Diskussion über die Chancen der Freiheit ist in diesem Fall sekundär.

Freiheit – und dann überall auf unserer schönen Welt verseuchte Gebiete, gefährliche Atommeiler, Endlager, die keiner haben will.

Das wird am Ende ja richtig toll in Spanien werden, wenn unser atomarer Müll dort landet. Der Wohlstandsmüll landet mittlerweile bei all unseren afrikanischen befreundeten Ländern, denn wir sind ja großzügig und haben für die dort in großer Armut lebenden Menschen ein ganz großes Herz.

Umweltschäden an vielen Stränden usw. und das alles verursacht der Mensch selbst und rechtfertigt sich dann mit dem Wort Freiheit! Welch ein Hohn gegenüber all jenen, die dagegen friedlichen Widerstand leisten!

Zynische Ironie hilft da nicht weiter. Wer heute für die Freiheit streiten will, der hat mit der veränderten sozialen Lage von Millionen zu rechnen und zu begreifen, was der Realisierung von freiheitlichen Rechten wirklich entgegensteht.

Die jetzige Selbstgenügsamkeit der Politik ist angesichts des Freiheitsdranges der Vielen eines der allerschlimmsten Hemmnisse realer Fortschritte im freiheitlichen Dasein.

Und sich diesem Kampf um Freiheit zu verschreiben ist eine der vornehmsten Pflichten im Sinne einer realen Menschenwürde.

DIE TATENLOSEN

EINE KRISE NACH DER ANDEREN
BEGINNT DURCH UNSER LAND
ZU WANDERN,
EGAL, OB REGIERUNG
ODER OPPOSITION
SIND FÜR DAS LAND OFT
EIN WAHRER HOHN!
OFT NUR PLEITEN,
EIN ENDE IST NICHT ABZUSEHEN,
WIR GEHEN SCHLECHTEN
ZEITEN ENTGEGEN.
BÄNKER, SPEKULANTEN UND
UNFÄHIGE LASSEN GRÜSSEN!

Eike-Jürgen Tolzien

Wolfgang Löffler steht vor den Ruinen Dresdens! Er überlebte dieses Inferno im Februar 1945!

Dresden 1945-was davon übrig blieb!
Nie wieder -Nazi Herrschaft!
Nie wieder Krieg!
Wir wählen die Freiheit!

Die Mauer 13.August 1961 !
Die Mauer in den Köpfen 2012?

BERLIN
MAUERBAU 1961

DIE TOTEN
MAHNEN
UNS

FORDERUNGEN DES VOLKES

GLEICHE LÖHNE

IN OST UND WEST,

GLEICHE RENTEN

IN OST UND WEST,

GLEICHE MINDESTLÖHNE

IN OST UND WEST,

DEMOKRATIE

IN GANZ EUROPA!

Prof. Dr. Anneliese Löffler

Denkanstöße
25 Jahre Deutsche Einheit

Jeder, der da nun der Ansicht ist, Deutschland sei ein soziales Land und es lohne sich in diesem Land zu leben, dem sei nun geschrieben. Nun möge er bitte einen Monat tauschen mit einem Arbeitslosen, Sozialhilfeempfänger, Hartz-IV-Bezieher, oder jemandem, der mehrere Jobs ausübt, von denen er nicht einmal seine Familie ernähren kann, mit Menschen, die in Armut leben müssen in unserem so reichen Land usw. usw.

Zu DDR-Zeiten, Herr Bundespräsident Joachim Gauck, hatten Sie nicht die Möglichkeiten, und der Mut fehlte vielen, Widerstand gegen Ungerechtigkeiten zu leisten und sich für Bürgerrechte stark zu machen.

Heute, Herr Bundespräsident Joachim Gauck, brauchen Sie diesen Mut nicht aufzubringen. Heute gibt Ihnen unsere Demokratie alle Möglichkeiten, mutig zu sein und sich für Menschen stark zu machen, denen es in unserem Land nicht so gut geht und die schon über 25 Jahre auf Gerechtigkeit und einheitliche

Lebensverhältnisse in unserem Deutschland warten!

Mit der Wahl zum Bundespräsidenten wurde Ihnen diese Ehre zuteil und wir sind der festen Überzeugung, dass Sie viele Menschen in unserem Land nicht enttäuschen werden.

Und da gebe es noch etwas zu sagen, Herr Bundespräsident Joachim Gauck.

Auch Hartz IV ist Unfreiheit pur, wir alle möchten frei davon sein. Dies aber ist nicht denkbar, wenn weiter so wie bisher damit umgegangen wird.

In Deutschland wird durch den Staat alles zentral geregelt, den Betroffenen wird somit oft der eigene Wille und damit die eigene Würde genommen.

Mit Millionen Euro werden Fördergesellschaften finanziert, die für jeden Arbeitslosen einen Kurs anzubieten scheinen, manche haben schon unzählige absolviert - skurrile sind auch darunter.

Man lähmt damit die eigene Verantwortung, finanziert eher die Industrie, die von sich aus nicht bereit ist, die wirkliche Ausbildung der für sie nötigen Arbeitskräfte zu übernehmen.

25 Jahre Freiheit
und Einheit
sollten ein Vorbild
sein für
die europäische
Einheit & Einigung!

Prof. Dr. Anneliese Löffler

Selbst gemeinnützige Arbeit der Empfänger von staatlichen Hilfen ist verpönt. Man schaue nach den Niederlanden, wo Selbstbewusstsein gerade dort entsteht, wo die Menschen gefordert und nicht gehätschelt und damit eigentlich unmündig gemacht werden - in Deutschland wird es vielen Bürgern zu leicht gemacht!!!

Freiheit?

Deutschland stellt sich seiner Vergangenheit nicht genug! Zwangsarbeiter in beiden Diktaturen werden einfach nicht entschädigt!

Wer dient hier wem!?

FREIHEIT - darf nicht die ausschließliche Machtausübung einer politischen Elite zulassen - Freiheit, JA - aber ohne Komasaufen, Spielsuchtangebote - Medikamentenmissbrauch - Drogensucht - Kettenrauchen - Lobbyistenmachenschaften - Hersteller und Händler von Suchtmitteln und deren Anbau nebst derer, die dies auch noch legalisieren oder für gut befinden!

Jegliche Art von Sucht bedeutet Unfreiheit. Dies geht hin bis zur Kaufsucht die durch ständige Angebotsfluten gefördert wird!

Noch schlimmer aber ist, wenn ein namhafter, sehr bekannter deutscher Schriftsteller,

Erwin Strittmatter im Jahr 2012 zum 100. Todestag nicht einmal von der Stadt Spremberg öffentlich gewürdigt wird!

Wie geht unsere Freiheit mit anderen Menschen oder gar bereits Verstorbenen um? Als Anlass wurde dafür genommen, die Vergangenheit Erwin Strittmatters im Zusammenhang mit dem 2. Weltkrieg und seinem damaligen Einsatz als Soldat zu beleuchten. Es war ja nun nicht so, dass Erwin Strittmatter darüber nie geschrieben hätte in seinen vielen Büchern. Was aber schon verwundert: Solange Erwin Strittmatter noch lebte, schmückte sich die Stadt Spremberg gern mit dem Namen dieses überall bekannten Schriftstellers.

Erst, als Erwin Strittmatter nun nicht mehr am Leben war, niemand mehr mit ihm über die damalige Zeit seines Einsatzes im Krieg sprechen konnte als Zeitzeuge, machten sich Leute sehr spät daran, um angeblich Licht im geglaubten Dunkel von Erwin Strittmatter zu finden. Wer da aber glaubt, Erwin Strittmatter hätte nie über die Zeit seiner Einsätze im Krieg zu Lebzeiten gesprochen, der irrt erneut auch in dieser Richtung, so wie Spremberg im Urteil über Erwin Strittmatter.

FREIHEIT

„BEOBACHTETE"

„ÜBERWACHTE"

„BESPITZELTE"

„AUSGESPÄHTE"

„VERFOLGTE"

AN DEN PRANGER
GESTELLTE MENSCHEN SIND
NIEMALS FREI!

Prof. Dr. Anneliese Löffler

Der Preis der Freiheit

Da wären nun noch die Sache mit der „TREUHAND" und die dadurch entstandenen schlimmen Folgen in Ostdeutschland. Wenn wir von Freiheit ausgehen, dann sprechen wir von gesellschaftlichen Bedingungen und Voraussetzungen im Zuge der Deutschen Einheit. Eine Veränderung muss zuerst einmal mit der Gleichheit aller Bürger im Verteilungsprozess beginnen.

Zahlreiche Bundesbürger aus den alten Ländern hatten Teil am Volkseigentum, waren somit dessen Aktionäre. Wo und wann haben die Bürger der neuen Bundesländer die Möglichkeit der Freiheit erhalten, im Zuge der Deutschen Einheit nun selbst eine Volksaktie aus dem Volksvermögen Ostdeutschlands zu bekommen, also ihren Besitz zu erhalten?

Die „treue Hand" verwaltete nicht das allen gehörende Eigentum, sondern verkaufte es, machte also Einzeleigentum daraus, gab es in private Hand. Große Fonds mit Massenbeteiligung wurden von sogenannten Hedge-Fonds zerstört, also wiederum enteignet.

Wenn wir über Land, also durch die neuen Bundesländer fahren, sehen wir überall zerfallene Industriebauten, leere große Ställe, oft auch vor sich hin kümmernde und zum Teil schon verlassene Dörfer, und wir hören von großer Arbeitslosigkeit, von einer Jugend ohne Perspektive.

Ist das etwa der Preis der Freiheit?

Beteiligung und Teilnahme des einzelnen Bürgers sind die Eckpfeiler moderner Demokratie. Für beides ist aktives Sein erforderlich. Die bloße Einforderung von Rechten lähmt nur den gesamten Lebensstrom.

Die Politik ist hierbei am meisten gefordert, muss sie doch bei jedem Schritt fragen, ob und wie eine Aktivität für möglichst viele Menschen, gemeinsam umgesetzt werden kann. Es ist schon zur Routine von vielen Politikern bei uns geworden, scheinbar im Namen des Volkes zu sprechen, jedoch die wirkliche Beteiligung des Volkes außer Acht zu lassen, die Menschen nur peripher mitspielen zu lassen. Dies aber ist der freiheitlichen Entwicklung höchst zuwider, im Grunde unverantwortlich.

Ruinen der Textilfabrik in Großenhain/Sachsen,nach
22 Jahren freier Wahlen und der Deutschen Einheit!

Fabrikruine 2012 in
Großenhain!

Wie war das doch gleich, Herr Bundespräsident: Freiheit heißt auch Verantwortung

Das aktuelle Beispiel fehlender Verantwortung zeigt sich klar und deutlich beim Projekt des „Willy-Brandt-Flughafens" in Berlin. Dort ist keiner dazu bereit, Verantwortung zu übernehmen - im Sinne der Freiheit. Alle Verantwortlichen geben Statements von sich, finden das Vorhaben toll, meinen alles sei einfach gut, und Klaus Wowereit war jahrelang dabei der Spitzenreiter als Aufsichtsratsvorsitzender. Und das alles sollen wir Berliner und Brandenburger dann am Ende auch noch wählen.

Sie, Herr Joachim Gauck, sagen, Sie möchten keine Wahl mehr vermissen und Sie gingen zu jeder Wahl! Bei welcher Wahl kann man aber über eine Politik entscheiden, die es zulässt, dass überall in unserem Lande große Bauprojekte existieren, die Millionen mehr Steuergelder kosten als vorher veranschlagt? Wer zahlt hier eigentlich? Das geht doch im Haushaltsgefüge auf Kosten jener Konten, die für das soziale Leben der Menschen vorgesehen sind.

Wer stellt denn den Zusammenhang her zwischen dem Budget einer kleinen Kommune samt der damit verbundenen Sorgen und der unverantwortlichen Verschwendung von öffentlichen Geldern an diesen Großbaustellen?

Auch im Deutschen Bundestag gibt es bei Wahlen oder Abstimmungen Enthaltungen. Manchmal bleibt auch dem mündigen Bürgern nichts anderes übrig, als sich der Stimmabgabe bei Wahlen zu enthalten, weil die Politik so schlecht ist, dass der mündige Bürger ihr gar nicht mehr seine Zustimmung geben kann und darf!

Auch das, Herr Joachim Gauck, ist gelebte FREIHEIT und vor allem VERANTWORTUNG.

Es obliegt uns, das Fazit unserer Betrachtung zu ziehen. Kein Zweifel besteht an dem hohen Rang, den die Freiheit in unserem Lande hat. Für diese Errungenschaft danken wir und sind jeden Tag aufs Neue dazu bereit, für die Erhaltung derselben einzustehen.

Daraus ergibt sich jedoch auch eine Verpflichtung; denn wir übersehen nicht, dass die Mängel in Bezug auf freiheitliche Existenz erheblich und nicht hinnehmbar sind. Es genügt einfach nicht mehr, im regelmäßigen Turnus wählen zu gehen - und im Übrigen den (manchmal auf recht dubiose Weise zustande gekommenen) Mechanismen der politischen Macht das Feld zu überlassen.

Letztendlich werden die Wähler ja gar nicht mehr gefragt, ob es gut oder schlecht ist, was in ihrem Namen geschieht. Alles bleibt doch so wie es ist, da kann das mal durch die Presse-Mühle gezogen worden sein oder nicht. Meistens wird es schlimmer. Wulff bekommt sein Jahresgehalt eben, weil es angeblich rechtens ist, die Schlecker-Frauen werden auch rechtens entlassen, sie können sehen, wo sie bleiben. Die Großen und die Kleinen!

Die Arbeiter und Angestellten in Deutschland werden wegen ihrer Lohnzurückhaltung gelobt, sie hätten den deutschen Aufschwung ja erst ermöglicht (was wir gerne glauben), aber die „Oberen" stecken sich wieder die Taschen voll. Die Jahresgehälter der oberen Zehntausend waren noch nie so hoch wie heute.

Der Baustopp am Flughafen ist ein zwar bedauerliches Übel, aber muss hingenommen werden, schließlich werde es bald vergessen sein, jedoch die Verantwortlichen beziehen Jahresgehälter von mehreren hunderttausend Euro.

Auch hierfür Kosten in mehrfacher Millionenhöhe. Überhaupt: es scheint zur Existenz von Großvorhaben in öffentlicher Hand zu gehören, dass sie die veranschlagten Kosten ums Vielfache übersteigen. Zur Rechenschaft gezogen wird aber kaum jemand. Man kann es ja von den Bürgern holen.

Die Banken verzockten sich, aber den Rettungsschirm für sie zahlt der „kleine Mann".

Der Benzinpreis pendelt sich bei 1,60 Euro ein, wer zahlt letztendlich und wer verdient?

Dies ist neuerdings eine gar nicht mehr gestellte Frage. Die Leute zahlen ja. Und wer gewinnt? Das ist auch eine nicht mehr gestellte Frage, immerhin haben diese Leute ja ihre Lobbyisten, inzwischen auch schon ein gar nicht mehr in Frage gestelltes System zur Absicherung der undurchschaubaren Gewinnmaximierung. Gleiches könnte für die Frage nach der Qualität moderner Waren des allgemeinen Bedarfs gelten. Alle schimpfen und keiner kontrolliert oder sorgt für Verbesserung. Das allgemeine Qualitätsniveau verschlechtert sich deutlich, aber nichts wird dagegen getan.

Die ärztliche Versorgung auf dem Lande wird immer schwächer, aber keiner sorgt für Änderung. Die widerrechtliche Rentenkürzung für DDR-Intellektuelle ist seit Jahren bekannt, aber keiner sorgt für Neuberechnung usw.

Im Ergebnis wäre zu sagen, dass über viele, viele dieser Fragen öffentlich geredet wurde. Ja, das stimmt, aber: nichts hat sich geändert!

Mehr und mehr wird es zur Regel, dass aufseufzend geredet wird über diese Mängel und die Misere, die damit verbunden ist, aber man von vornherein in Kauf nimmt, dass sich an dem Tatbestand nichts ändern wird. Im gleichen Maße nehmen die Erörterungen zu, wie sehr der Mensch auf sich selbst und seine Befindlichkeit zurückgeworfen werde, und, im besten Falle, wie sehr er sich als Individuum erhöht und bestätigt fühlen möge und letzten Endes doch klein gemacht wird.

Es geschah zu Unrecht, dass sich ein Verfechter solcher Meinung auf Joachim Gauck berief. Ganz anders möge es sein. Der von Joachim Gauck gepriesene Weg zum freiheitlichen Denken sollte in aller Konsequenz weitergedacht und bis zum praktischen Handeln hin weiter verfolgt werden. Denn nur der zur Freiheit strebende Mensch wird sich den Barrieren entgegen stemmen, die sein Dasein behindern und die der weiteren Vervollkommnung der menschlichen Würde und des sozialen Seins des Menschen entgegenstehen.

Von echter Demokratie, Freiheit, Pluralismus, Bürgernähe, Offenlegung, Transparenz – kurz, von allem, was menschliches Dasein in der Gegenwart ausmacht, sind wir auch nach 25 Jahren Deutscher Einheit noch weit entfernt. Es gibt tausend Gründe, alle demokratischen Kräfte zu verbünden, um zu den besten Lösungen zu kommen.

25 Jahre nach der „Deutschen Einheit" ist der Zeitpunkt gekommen, sich dem zuzuwenden, was sich die ostdeutsche Bevölkerung auf die Fahnen geschrieben hatte. Es waren nicht nur Reisefreiheit und Meinungsfreiheit, sondern viele politische Forderungen, die bis heute unerfüllt blieben. Die Politik ist auch heute noch dazu verpflichtet, dies alles endlich auf zugreifen, damit dies tatsächlich zur Wirklichkeit wird.

Dies sind wir den Millionen von Menschen schuldig, die im Herbst 1989 auf die Straße gingen mit dem Ruf „Wir sind das Volk" und „Wir sind ein Volk" und somit auf eine lebenswürdige Zukunft setzten.

Eike-Jürgen Tolzien

„Das Blatt" – 1990/2015
Freiheit - Würde - Arbeit

Wenn wir alle gemeinsam davon ausgehen, dass die Würde eines jeden Menschen unantastbar ist, muss sich etwas grundlegend in unserer Gesellschaft ändern.

Wir, die Bürger dieses Landes müssen uns ändern. Ein zentrales Beispiel: Während der eine Teil unserer Bevölkerung, der Arbeit hat, oft bis zum Umfallen arbeiten muss und davon mit der Zeit krank wird, steht dem ein Teil von Menschen gegenüber, der keine Arbeit hat und allein deshalb auch krank wird. Die einen verdienen sehr viel und die anderen können von dem, was ihre Arbeit an Geld einbringt, nicht einmal in Würde leben. Kinderreiche Familien wünschen sich unsere Politiker, aber wird dann ein Kind geboren, wird es oftmals sofort zu einem „Hartz-IV-Kind".

Pluralismus bedeutet Vielfalt an Möglichkeiten, unsere demokratische Gesellschaft und das Miteinander so zu gestalten, dass es zu einer solchen Schieflage überhaupt erst gar nicht kommt. Falsche sozialpolitische Entscheidungen unserer Politiker und unkluges politisches Reagieren hinsichtlich der Lösung gesellschaftlicher Konflikte führen jedoch eine solche Situation herbei. Hartz IV stellt Menschen in eine Ecke, stempelt sie einfach ab zum Nichtstun, und das alles zusammen wird dann Gerechtigkeit genannt.

Von Gerechtigkeit kann aber nur dann die Rede sein, wenn Arbeit gerecht verteilt wird und jeder, der möchte, am Arbeitsprozess teilhaben kann.

Ein weiteres unsinniges Beispiel aus der Welt der Politik ist der Ausspruch vom ehemaligen Bundespräsidenten Christian Wulff: „Der Islam gehört zu Deutschland." Richtig müsste es lauten: „Alle in unserem Land lebenden, arbeitenden und wohnenden Menschen gehören zu Deutschland, egal welcher Herkunft, welchen Glaubens - entsprechend unseres Grundgesetzes und der Verfassung."

„Das Blatt": Herr Helfried Schreiter (Schriftsteller) war der damaliger Chefredakteur dieser Zeitung, die in Westberlin an der Gedächtniskirche von den Journalisten persönlich verkauft wurde.

In eigener Sache:

Der Redakteur Ralf Große
beim Zeitungsverkauf vor der
Gedächtniskirche in Berlin!

Januar 1990 erscheint in Berlin-DDR die erste
unabhängige, überregionale Zeitung"das blatt".
Mit dem Bild 🔦 aller Mitarbeitenden!

Ab heute können Sie vom Blatt sprechen ...

Ab heute können Sie vom Blatt sprechen ...

... denn „das blatt" hat das Licht der wirren Welt erblickt.

das blatt

Die unabhängige und überregionale Wochenzeitung „das blatt" erscheint vorerst in einer Auflage von 250 000 Exemplaren. Unabhängig bedeutet, „das blatt" entsteht weder im Auftrag einer Partei oder Bewegung, noch bieten seine Beiträge einer Partei mundgerechte Schlußfolgerungen. Überregional bedeutet, „das blatt" entsteht zwar in Berlin, DDR, aber mit Europa im Blick. Das klingt so gewaltig wie zeitgemäß. „das blatt" soll im Briefkasten des vielbeschworenen kontinentalen Hauses stecken. Jede Woche neu. „das blatt" versteht sich als Teil der demokratischen Kontrolle von politischer und wirtschaftlicher Macht.

Wir, die „blatt"-Macher, wollen beim Blick auf Realitäten kein Blatt vorm Mund und kein Brett vorm Kopf haben. Wir wollen so offen wie möglich vor Ort gehen. Vorurteile sollen erschüttert werden können, Toleranz geübt. Bei allen Angestrengtheiten will „das blatt" provozieren, nerven, amüsieren ... eben unterhalten.

Wir rechnen auf die Urteilsfähigkeit der LeserInnen. Und deshalb: Prüfen Sie selbst, was von der unabhängigen und überregionalen Wochenzeitung „das blatt" zu halten ist. Abhängig sind wir allein von Ihnen, und in dieser Abhängigkeit stehen wir gern.
die Redaktion
der Herausgeber

1990
DIE FUSSNOTE

Da stehen sie nun, das DDR-Hänsel und sein DDR-Gretel und jammern und wehklagen, weil das Märchen von der sozialen Geborgenheit im Elternhause aus und vorbei ist.

Vater Staat und Mutter Partei sitzen im Knast. Ringsum eine nie vorher gekannte Menge Bäume. Jeden Tag kommen noch ein paar hinzu. Unordentlich. Wie schön und überschaubar waren doch vordem die Baumschulen. Die Bäume alle in gleicher Größe und in Reih und Glied. Jetzt soll es sogar Wölfe geben und Hexen. Was tun? Wer hilft? Die Großmutter? Der Jäger? Wo liegt Dornröschen und will wachgeküßt werden? Wo hupft der Frosch, den man nur an die Wand zu klatschen braucht, damit eins-zwei-drei der Prinz zum Vorschein kommt? Denn Prinzen und Prinzessinnen haben bekanntlich Schlösser und Burgen, in denen es sich bequem und sicher leben läßt – mit der schützenden Mauer drumrum. Doch die alten Wegweiser sind abgebaut. Man müßte sich mutter- und vaterseelenallein auf die Suche machen. Ein gewagtes Unterfangen. Dann schon lieber jammern: Was sind wir doch für ein armes Volk von Verfolgten des Honecker-Regimes!

Nein, liebe Landsleute, wir waren allesamt Verfolgte und Verfolger. Wir können uns nicht schon wieder aus der Geschichte mogeln.

Außerdem haben wir verloren. Wir hatten unsere Chance. Wir haben sie nicht nur nicht genutzt, sondern zusätzlich noch ein Land ruiniert. An dieser Stelle kommt für gewöhnlich der Einwand, wir hätten doch aber auch so manches erreicht. Merke: Alles, was wir erreicht haben, ging zu Lasten der Mutter Erde; zu Lasten der Welt, in der wir leben; zu Lasten unserer Kinder und Enkel, denen heute buchstäblich kaum noch die Luft zum Atmen bleibt. Wir stehen auf einem ausgepowerten Landstrich. Die Wunden, die wir der Natur beigebracht haben, werden lange brauchen, bis sie ausgeheilt sind, wenn überhaupt. Wahrhaftig kein Augenblick, soziale Sicherheiten einzufordern, denn die haben wir uns erst einmal zu erarbeiten – bei größtmöglicher Schonung der Umwelt.

Niedrige Lebensmittelpreise, spottbillige Transporttarife, Schulspeisung, preiswerte Krippen- und Hortplätze – allesamt wunderbare Sachen, wenn man sie sich leisten kann. Aber doch wohl nicht um den Preis einer verdorbenen und vergifteten Umwelt und auch nicht auf Kosten unsäglicher Arbeitsbedingungen in den „volkseigenen" Betrieben.

Wir Deutschen scheinen die unheilbare Neigung zu haben, immer noch weiterzukämpfen. Es gibt da Beispiele aus der Geschichte. Auch die Regierung Modrow will die verlorene Schlacht doch noch gewinnen, oder wenigstens bessere Kapitulationsbedingungen schaffen. Ein Bündel von Gesetzen soll den unvermeidlichen Einstieg in die Marktwirtschaft sozial absichern.

Nun sind aber Gesetze und Verordnungen, das lehrt vor allem die deutsche

Geschichte seit 1933, oft nur soviel wert wie das Papier, auf dem sie zu lesen sind. Weil es Macht braucht, sie in Realität zu verwandeln. Zum anderen verraten die honorigen und aufopferungsvollen Bemühungen der derzeitigen Regierungsmannschaft ihre Abstammung von der alten Doktrin, wonach der Staat das meiste, wenn nicht gar alles, zu steuern, zu regulieren, anzuordnen und zu bestimmen hat. Die künftige Losung kann aber nur lauten: Immer mehr Demokratie mit immer weniger Staat.

Und dann: Sire, es gibt ihn nicht, den allmählichen Spaziergang vom realen Sozialismus in den realen Kapitalismus. Dieser Sprung muß ohne Netz gesprungen werden. Der Aufprall, das ist gewiß, wird äußerst schmerzhaft sein. Ohne Prellungen, Platzwunden und Knochenbrüche geht's nicht ab. Fürwahr keine lustige Sache. Wir müssen ja auch nicht springen, wir können warten, bis das verwohnte DDR-Haus in sich zusammenfällt. Nur beides geht nicht. Entweder springen oder abwarten.

Unsereinem wird an der Stelle gern vorgeworfen, wir malten den Teufel an die Wand. Weshalb eigentlich nicht? Mit ihm werden wir es über mindestens zwei Jahrzehnte zu tun haben. Je früher wir uns an seinen Anblick gewöhnen, desto besser.

Bliebe nur noch die Frage, wer denn am besten mit dem Teufel umzugehen vermag? Die Hunderttausend-Dollar-Frage dieser Wahl.

Beim bundesdeutschen Wähler hat sich die Meinung festgesetzt, die CDU/CSU sei auf Grund ihrer Nähe zum großen Geld besser geeignet, den allgemeinen Wohlstand zu befördern als die SPD. Letzterer sagt man gern nach, sie könne so recht mit Geld nicht umgehen, weshalb man sie zwar liebt, sich aber den Luxus verkneift, ihr die nötigen Wählerstimmen zu schenken.

Unsere Brüder und Schwestern im Westen, man kommt um die Feststellung nicht umhin, sind politisch häufig schlecht informiert, denn sie haben viel zuviel Zeitungen, und deshalb ist ihnen entgangen, daß beispielsweise Edzard Reuter, der Chef des mächtigen Mercedes - Messerschmidt - Bölkow - Blohm - Konzerns, ein Parteibuch der SPD in der Tasche zu stecken hat (freilich weiß man nicht, wie oft er es hervorholt). Auch Bundesbankpräsident Pöhl macht trotz seiner SPD-Mitgliedschaft keine üble Währungspolitik. Hingegen hat schon so mancher CDU-Parteigänger saftige Pleiten hingelegt.

Demokratie ist immer und insbesondere auch eine Frage des Gleichgewichts der Kräfte. Bei starkem Ungleichgewicht kommt es zu gehäuftem Unrecht oder gar zur Diktatur. Wenn also das Kapital seinen Einzug in die DDR vollzieht, wäre die Stärkung der Gegenkräfte das Gebot der Stunde. Und die Gegenkräfte, das sind eben nicht totgeborene Gesetze und Verordnungen, sondern lebendige und starke Gewerkschaften im Bunde mit einer ebenso starken Sozialdemokratie. Um sich über die DDR-Gewerkschaften auszulassen, braucht man gegenwärtig nicht viel Platz, denn es gibt sie nicht. Gewiß, gewiß, es entgeht uns nicht die Tatsache, daß sie hin und wieder große Tagungen abhalten und immer auch mal wieder jemanden wählen, aber damit sind sie noch lange nicht existent.

Auch unsere junge und chancenreiche Sozialdemokratie zeigt bis jetzt kaum ein starkes Liebesverlangen in die gewerkschaftliche Richtung. Sollte sie aber. Und sie sollte sich zumindest in diesem Punkt von der bundesdeutschen SPD beraten lassen, denn sie ist eindeutig deren Verdienst, im Bunde mit dem DGB beachtliche Rechte für die Arbeiter erkämpft zu haben. Es waren schließlich Sozialdemokraten, die den Entwurf eines Mitbestimmungsgesetzes zu einem Zeitpunkt auf den Tisch legten, als im real existierenden Sozialismus noch darüber debattiert wurde, ob ein Brigadier gewählt werden dürfe.

Man muß kein Prophet sein, um der deutschen und darüber hinaus der europäischen Sozialdemokratie eine große Zukunft zu prophezeihen, denn die Ausbildung von vertraglichen Beziehungen zwischen Kapital und Arbeit, die Entwicklung einer wohldosierten staatlichen Wirtschaftsregulierung, und die vermehrten sozialen Ausgaben des Staates über die Steuererhöhungen haben in den meisten westlichen Industrieländern zu einem sozial verträglichen Konsens geführt, den Ralf Dahrendorf als typisch „sozialdemokratisch" bezeichnet.

Die Sozialdemokraten sind weit davon entfernt, den Markt als den großen Allheiler anzubeten, aber sie wissen auch, daß Markt und Konkurrenz in einer Demokratie unverzichtbar sind, weil eben nur der Markt in der Lage ist, die unübersichtliche Fülle wirtschaftlicher Entscheidungen so effektiv wie irgend möglich zu treffen. Allein schon der Gedanke an eine staatliche Plankommission muß einem Sozialdemokraten absurd vorkommen, weil er weit mehr dem gesunden Menschenverstand vertraut, denn einer starren Ideologie.

In Deutschland obliegt der Sozialdemokratie überdies noch die Einigung aller linken Gruppierungen, sofern sie nicht so weit links stehen, daß sie rechts schon wieder hervorschauen. Denn die augenblickliche Aufspaltung gerade der Linken in der DDR spielt allein der Rechten in die Hände. Man darf wohl hoffen, daß eine durch das Wahlergebnis vom 18. März selbstbewußt gewordene SPD ihre Berührungsängste nach links ablegt, um ihrer historischen Mission gerecht zu werden.

Es muß uns DDR-Bürgern weder die soziale Marktwirtschaft, noch die Einheit Deutschlands schlaflose Nächte bereiten, denn in beide bringen wir etwas Kostbares ein, nämlich unsere Lust am Denken. Unser Einfallsreichtum war über vierzig Jahre nur selten gefragt, wir waren in dieser Hinsicht nicht über-, sondern unterfordert. Wir sind nicht satt und gelangweilt, sondern hungrig und neugierig. Das ist das Pfund mit dem wir jetzt wuchern sollten. Hören wir also damit auf, uns in den Vordergrund zu jammern.

Helfried Schreiter

Fotos: W. Schulze

20. 2. 1990
Die Redaktion verkauft „das blatt" auf Westberlins Straßen.

20. 2. 1990

Die Redaktion verkauft „das blatt" auf Westberlins Straßen.

„Die Freiheit des Widerstandes und Widerstehens"

Was können Sie, Herr Bundespräsident Joachim Gauck, heute für die Menschen tun, die den Mut hatten, in der Diktatur der ehemaligen DDR Widerstand zu leisten gegen das damalige Unrecht? Diese Widerständler waren Wegbereiter der deutschen Wiedervereinigung, sie waren alle mutig, hatten Zivilcourage und zeigten damit anderen Menschen, nicht immer alles so einfach hinzunehmen, wie dies von den kommunistischen Funktionären bestimmt wurde.

Wir Widerständler gegen beide deutschen Diktaturen waren und sind zu keinem Zeitpunkt Opfer gewesen. Die Widerständler haben ganz bewusst gegen das bestehende Unrecht aufbegehrt, dagegen, dass immer nur die führende Staatspartei SED das Recht für sich beanspruchte - wir haben aufbegehrt gegen die Missachtung der Individualität, gegen Unrechtsurteile, gegen den ständigen Druck und Zwang zu einer von oben bestimmten Lebensform.

Wenn wir von Freiheit sprechen, so war in der DDR-Diktatur die Meinung nicht frei, der Glaube war nicht frei, die Freizügigkeit war total eingeschränkt bis hin zu dem, was ein jeder Mensch zu denken hatte. Mutig sind wir Widerständler aufgetreten und haben uns nicht gebeugt oder verbiegen lassen. Wir haben mutig unsere freie Meinung geäußert und haben Doktrinen widerstanden.

Heute werden wir aber von der Politik in die Opferrolle gepresst. Daran sollten die Politiker endlich etwas ändern!

Eike-Jürgen Tolzien

Fragen an das HEUTE

Warum nehmen wir uns nicht einfach die Freiheit, Straßen zu benennen, die den Namen der Opfer des Stalinismus tragen?

Warum nicht ein Wolf-Biermann-Gymnasium?

Eine zentrale Ehrengedenkstätte der Opfer politischer Willkür der SBZ/DDR!

Warum "DDR-Unrechtsstaat" und nicht die genauere Bezeichnung "Unrechtssystem einer Diktatur auf deutschem Boden"?

Willy Brandt, Hans Dietrich Genscher usw. nehmen den gleichen berechtigten Platz bei Ehrungen ein wie der Schriftsteller Erwin Strittmatter.

Keine politische Partei hat das Recht, den Stab über Menschen zu brechen, wenn sie selbst in der DDR-Zeit zu problematischen Themen geschwiegen haben - dies aber heute im Nachhinein vielleicht nur einem einzelnen Menschen anlasten wollen, wie es im Falle des Schriftstellers Erwin Strittmatter in Spremberg geschehen ist. Wo war der Mut und Aufschrei der Spremberger in der DDR?

Egal, um welch eine Diktatur es auch geht, ein Schlussstrich darunter kann und darf nicht gezogen werden!

Auch eine Amnestie für die Täter und Mitläufer ist ungeeignet!

Für die Freiheit müssen wir alle etwas tun!

FREIHEIT bedeutet auch die Teilhabe aller Menschen an Bildung, Anerkennung, Chancengleichheit, Arbeit, Wohlstand, Dazugehörigkeit, Gleichbehandlung, Ehrlichkeit, Aufklärung, Offenheit, Transparenz, Nachhaltigkeit, Vernunft, Gemeinsinn, Völkerverständigung, Öffentlichkeit - und vor allem aber Glaubwürdigkeit.

Wenn die FREIHEIT die Nachhaltigkeit täglich nur mit den Füßen tritt, taugt diese FREIHEIT nimmermehr. Ausschließlich ökonomisches Wachstum löst nicht die Probleme unserer Welt!

Unsere Politiker und der Rechtsradikalismus in Deutschland

Seit Jahrzehnten gibt es Rock-Konzerte der Rechtsradikalen in Deutschland! Diese Extremisten marschieren überall in Deutschland durch die Städte und Gemeinden.

Die Aufmärsche dieser Leute werden von der Politik geduldet, V-Männer des Verfassungsschutzes werden oft mit viel Geld gespickt, bis zu hunderttausend Euro im Jahr, so ist zu hören, und das Geld fließt zum Teil in die rechtsextreme Szene.

Aber nun kommt es noch viel, viel schlimmer. Die Hüter unserer Gesetze selbst lassen zeitweise sogar die Beweisakten über die Aktivitäten der rechtsextremen Szene verschwinden.

Immer mehr Bürger verlieren das Vertrauen angesichts solch einer schwammigen Politik und trauen den Politikern mit ihren einfältigen Versprechen nicht mehr über den Weg. Der Vertrauensverlust in die derzeitige Politik ist sehr hoch geworden und nimmt mit jedem Tag zu. Die Politiker stellen sich immer noch in der Öffentlichkeit hin und verteidigen ihren fehlerhaften, aber nicht konsequenten Umgang mit den Rechtsradikalen in Deutschland.

Wir können uns auch nicht hinstellen und sagen: Die Kriminalität in unserem Land nimmt immer mehr zu und es wird aber nichts dagegen unternommen oder dagegen vorgegangen.

Wir können kriminelles Gedankengut nicht verbieten. Wir können aber, wie zum Beispiel mit unserem Nachbarland Polen, zusammen alles Erdenkliche dafür tun, um z. B. die massiv angestiegenen Autodiebstähle mit dem Verbringen in das Nachbarland weiter einzudämmen. Jeder, der gegen ein Verkehrsverbot verstößt, wird, wenn das bekannt wird, dafür zur Verantwortung gezogen.

So ist auch mit dem immer mehr aufkommenden Rechtsradikalismus umzugehen. Rechtsradikalismus muss bekämpft und unter Verbot gestellt werden!

Der Linksradikalimus – hautnah erlebbar in Berlin

Ein sehr gutes Beispiel dafür bietet sich direkt an: Der Gedenkstein für die Opfer des Stalinismus am sogenannten „Sozialistenfriedhof" in Berlin-Lichtenberg. Beim alljährlich im Januar stattfindenden Gedenken an die Sozialisten wird die Gedenkstätte der Sozialisten mit Nelken überschüttet. Hingegen werden am Gedenkstein der Opfer des Stalinismus nur sehr wenige rote Nelken niedergelegt. Es gibt aber auch junge Linksradikale, die uns Paten klar und deutlich am Gedenkstein zu verstehen geben: „Dieser Stein muss hier weg! Und solange Sie beide die Patenschaft für den Gedenkstein und die Pflege des Umfeldes übernehmen, werden wir Ihnen keine Ruhe lassen. Blumen brauchen da nicht gepflanzt werden, die werden von uns sofort wieder entfernt!"

Sie reden nicht nur - sie setzen dies sogar in die Tat um! Besonders befremdlich ist, dass diesem Treiben niemand mit Zivilcourage entgegentritt. Weder vom Bundespräsidenten, noch von Frau Merkel, noch von der Bürgermeisterin von Lichtenberg, Frau Monteiro kam bisher Unterstützung. Menschen, die sonst bei jeder Gelegenheit zur Zivilcourage aufrufen, bleiben hier einfach untätig. Hier scheint man die im Dunkeln Handelnden nicht wahrnehmen zu wollen.

Der Gedenkstein für die Opfer des Stalinismus ist ein Denkmal und von der Gesellschaft vor Vandalismus zu schützen.

Wenn wir uns den Gedenkstein der Opfer des Stalinismus in Westberlin betrachten, fällt uns auf, dass die Inschrift deutlich lesbar ist und das Umfeld liebevoll gestaltet und

bepflanzt werden darf.

Nur auf dem Sozialistenfriedhof in Lichtenberg ist das anderes. Die Inschrift ist verblasst und alles was angepflanzt oder hingestellt wird, wird sofort wieder - ohne Empathie für die Opfer - entfernt. Gesellschaftspolitischer Radikalismus hat viele Formen, jedoch ist der Linksradikalismus, wie man hier sieht, genauso gefährlich wie der Rechtsradikalismus

Radikalismus zu dulden, unter dem Vorwand des Denkmalschutzes, verletzt unser aller Würde!

Der "Gedenkstein für die Opfer des Stalinismus"
in Berlin-Lichtenberg;
geschändet im August 2015.

Die Euro-Teuro-Banken-Rettungs-schirme

Wenn namhafte Ökonomen ihre Bedenken und Sorgen vortragen und die derzeitigen ständigen Fehlentscheidungen vieler Politiker öffentlich machen, so ist das richtig und notwendig.

Die öffentliche Debatte wird in dieser Frage angeregt und die Offenlegung von Missständen in der Europäischen Union ist die nächste Konsequenz. Das gilt auch für die osteuropäischen Länder, die der EU noch beitreten möchten.

Die Eurokrise ist hausgemacht, selbst verschuldet von Politikern, doch die steuerzahlenden Bürger werden dafür zur Kasse gebeten, bleiben aber bei weiteren politischen Entscheidungen als Bürger selbst außen vor.

Die Bürger fühlen sich mit ihren Sorgen um den Euro nicht ernst genommen, und außer Sprechblasen von den dafür Verantwortlichen ist nichts zu vernehmen. Immer noch fehlt die breite wahrhaft öffentliche Diskussion zu diesen Themen. Die Bürger haben das Recht zu erfahren, ob diese Rettungsschirme überhaupt sinnvoll sind und ob die Hilfe zur Selbsthilfe für die Euro-Staaten, die die Bedingungen der Euro-Zone nicht erfüllen, nicht der erste Schritt zur Erneuerung sein müsste!

EUROPAS „RETTUNGSSCHIRME"

WELCH EIN ZAUBERWORT!
ABER WER WIRD GERETTET?
DIE BANKEN UND
DIE SPEKULANTEN.
DAZU SAGEN WIR
NEIN!
STATTDESSEN:
RETTUNGSSCHIRME
FÜR ALLE
BEDÜRFTIGEN UND
NOTLEIDENDEN MENSCHEN!

Prof. Dr. Anneliese Löffler

„Kapitalismus mit menschlichem Antlitz?"

Das System der sozialen Marktwirtschaft löst nicht die Probleme unserer Welt. Auch sie stößt an ihre Grenzen!

Der Kapitalismus in seiner jetzigen Form ist nicht mehr vertretbar, vielmehr unzumutbar.

Die Ressourcen unserer Erde nutzt der Kapitalismus nicht so, wie dies erwartet werden kann. Der Kapitalismus beutet diese Ressourcen gnadenlos aus und hinterlässt nicht zu vertretende Umweltschäden. Der wertvolle Computermüll landet in Afrika auf den Müllkippen. Typisch totaler Kapitalismus!

Kapitalismus als reine Wegwerfgesellschaft, ohne eine notwendige Wiederaufbereitung oder eine Reparaturfreundlichkeit für alle hergestellten Produkte, hat keinerlei Zukunft mehr. Technische Produkte haben oftmals nur einen kleinen Defekt. Jedoch sind die Reparaturkosten oftmals genauso hoch wie ein neues Gerät. Nur eines von vielen Beispielen.

Kapitalismus mit menschlichem Antlitz dagegen ist ein kluger Gedankenzug, er ist verführerisch, wer von uns möchte ihn nicht haben. Wir haben dazu die Freiheit! Was steht und spricht dem eigentlich entgegen? Da ist einmal der immense Schuldenberg, der Tag für Tag immer mehr wächst. Die Preise steigen unaufhörlich. Banken bauen Mist, aber werden gerettet. Viel Geld wird von den Politikern regelrecht aus dem Fenster geworfen. Großflughafen Berlin-Brandenburg lässt grüßen!

Am Horizont sieht der Bürger schon die Inflation, spekulative Geschäfte haben ihre Blütezeit. Überall hört der Bürger davon, dass andere Bürger durch ungedeckte Immobilienfonds um Ersparnisse gebracht werden.

Schuld an den derzeitigen vielen Krisen sind allein die stets sich wiederholenden Versäumnisse unserer Politiker.

In einem Kapitalismus mit menschlichem Antlitz ist für alle Menschen Platz und jeder Bürger kann in so einer Gemeinschaft in Würde und anerkannt leben.

Die Idee eines Kapitalismus mit menschlichem Antlitz bietet sich regelrecht an. Dafür gibt es alle Möglichkeiten mit der Entwicklung einer Produktion nach sozialen, menschlichen Bedürfnissen, verbunden mit den Fähigkeiten von Millionen Menschen, derzeit in der Form von öffentlichen Debatten, in denen Chancen und Ziele herausgearbeitet werden. Dazu ist es erforderlich, alle demokratischen Kräfte, wie Ökonomen und Wissenschaftler an einen Tisch zu bringen mit dem Ziel, ihre Mitwirkung zu erreichen.

Moderne Demokratie bietet alle Chancen. Dies setzt die Beteiligung der Bürger voraus, da sie Nutznießer von all dem sein sollen. Diese Politik ist notwendig!

Im Vordergrund muss das Gemeinwohl aller Bürger stehen. Mut zu einer Veränderung ist angesagt!

Es darf also nicht sein, dass die Energie-Wende demjenigen nutzt, der Jahrzehnte eine falsche Energie-Politik vertreten oder als Konzern sich das Verfügungsrecht über die Energie angemaßt hat. Dazu gehört auch die Einhaltung des Vertrages der Generationen. Leben nicht auf Kosten der nachfolgenden Generationen. Eine Demokratie mit einem Kapitalismus mit menschlichem Antlitz tritt anderen Völkern und Staaten mit der notwendigen Achtung gegenüber und gestaltet Verbindungen so, dass nichts zum Schaden anderer Staaten unternommen wird. Gemeinnutz muss für alle in einer Staatengemeinschaft gelten. Also, bitte europäisch denken und handeln, um gemeinsam in dieser solidarischen Völkergemeinschaft zu leben.

Dies sind die grundlegenden Voraussetzungen eines Kapitalismus mit menschlichem Antlitz. Der Kapitalismus in seiner derzeitigen Form löst nicht die Probleme in dieser Welt.

Prof. Dr. Anneliese Löffler

SO WERFE JEMAND
AUF MICH
DEN ERSTEN STEIN,
DER DA MEINT,
ER SEI OHNE
FEHL UND TADEL!

Prof. Dr. Anneliese Löffler

Die unmündigen Bürger von Europa

Der Europa-Gedanke ist umstritten, das Zusammenleben der Völker deutet nicht auf Einheitlichkeit oder Vergleichbarkeit der Lebensverhältnisse hin und keinem leuchtet es ein, warum die Kosten andersgearteter Zustände von allen getragen werden müssen – zumal nicht erkennbar ist, wer die Missstände herbeigeführt hat. Die Rolle der Banken liegt wie ein Menetekel über dem ganzen Geschehen. Zahlen sollen alle, und wieder trifft es die Rentner oder die mit geringem Entgelt Arbeitenden. Die Bundesregierung unterstützt offen jene Kräfte, denen das Volk ihre Profite zahlen muss!

Europa hat eine einheitliche Währung, aber die Umstände des Lebens in den einzelnen Ländern unterscheiden sich sehr. Jedes Land hat seine eigene Vergangenheit, mit ihr und mit den gegenwärtig daraus entstehenden Konflikten muss jedes Land auf seine Weise fertig werden. Die Annahme, dass sich die Länder auf diesem Wege nähern, hat sich nicht bestätigt, jeder hat auf seine Weise mit seinen Problemen fertig zu werden. Diese Erkenntnis führt auch zu der missmutigen Frage, warum der eine für die anderen zahlen soll, was an Kosten auf diesem Wege entsteht. Aber die Solidarität bleibt wichtig, sie wird sogar immer wichtiger. Denn überall haben die Banken ihre Hand im Spiel, wenn aufgedeckt wird, wer Verursacher und wer dabei der Gewinner ist.

Die Banken werden reich (wer noch?) und die unteren Schichten müssen zahlen: Verlust der Arbeit, ungleiche Renten und Kürzung der sozialen Leistungen. Dieser Gegensatz wird zu verdecken versucht, indem man behauptet, einen Tribut zahlen zu müssen aus solidarischen Gründen und aus dem Wunsche heraus, die Lebensverhältnisse anzugleichen. Der Bürger wird also unmündig gehalten. Ein weiteres Problem: allen in Deutschland lebenden Menschen wurden höhere Energiekosten zugemutet.

Grund: Die Umstellung auf alternative Energie-Gewinnung. So weit, so gut, so akzeptabel.

Aber: Der Gewinn der großen Energiekonzerne wurde nicht angetastet, im Gegenteil, er wurde vom Staat noch gefördert.

Die großen Konzerne büßten ein, und da kam die Bundesregierung zu Hilfe, sie sicherte deren Vorrechte, sogar Windräder mussten

Abschaltzeiten hinnehmen, und die Konzerne hatten ihren Willen durchgesetzt. Die Strompreise werden weiter steigen, die anderen Grundkosten auch, für die weniger bemittelten Menschen bald nicht mehr bezahlbar.

Wir stehen nicht vor der Inflation, wir sind mitten drin, jeden Tag kann man selbst in der Kaufhalle die Preissteigerungen sehen und die Qualitätsminderungen auch. Und der Bürger ist dieser Entwicklung wieder einmal hilflos ausgeliefert. Über lange Zeit wurde Lohnzurückhaltung gefordert, auch akzeptiert und es wurde diese Haltung sogar als eine lobenswerte Einsicht gefeiert.

Das Ergebnis aber ist jetzt zu erkennen: die Armen werden immer ärmer, die Reichen immer reicher. Wer stoppt diese Entwicklung? Die Unternehmen legen die Löhne fest, sie gelten wie höhere Gewalten, wenn nicht mit Lohnkampf eine Änderung erzielt wird. Aber: sich selbst genehmigen sie immer kräftigere Schlücke aus der Flasche, ohne dass es irgendeiner Grenzsetzung unterliegt. Noch einmal: an den Kosten des allgemeinen Lebens nehmen alle teil. Wenn es um allgemeine Schulden geht, werden Abgaben und Renten aller

Menschen gekürzt. Wer zahlt den Ausbau und die Erhaltung des öffentlichen Nah- und Fernverkehrs? Wer erhält die Sozialeinrichtungen, die allen Menschen dienen sollen? Hier wird gekürzt und gekürzt, unzählige Aktionen der letzten Monate legen hierfür ein beredtes Zeugnis ab.

In den letzten Monaten mussten wir erleben, wie brüchig und überlebt das heute existierende System der parlamentarischen Demokratie ist. Die gerade herrschende Parteienmehrheit bereitet die in ihrem Vorteil liegenden Maßnahmen vor, die Lobbyisten bringen ihre Interessen ein und die Ausschüsse im Bundestag beraten, und dann kommt wohl das Ergebnis ins Plenum. Bei einer Führung durch den Bundestag erlebte ich selbst, wie die Aufsichtsperson erklärte: Hier liegen die Entwürfe, die beschlossen werden sollen, aber eigentlich wäre das gar nicht mehr notwendig, das geht alles sowieso durch. Und so ist es auch, man kann es gut im Fernsehen verfolgen. Begründung, Wortgeplänkel, noch einmal Verteidigung, und dann wird mit Hilfe der Fraktionsdisziplin alles durchgewinkt. Mitglieder des Bundestages müssen gar nicht anwesend sein, meistens sind sie es auch gar nicht, leer ist der große Raum, die Redner sprechen wohl für die Kamera. Der größte Teil der Reden wird in der letzten Zeit darauf verwendet, dem „Gegner" alles Mögliche aufzurechnen. Höchst ungut wird man immer wieder daran erinnert, wie merkwürdig über Jahre hinweg die im Gegensatz zur Lohnentwicklung stetige Erhöhung der Diäten sich ausnehmen muss. Ein Parlament des Sachverstands sieht anders aus. Wenig nachvollziehbar ist der Gedanke, aus dem Parlament ein Vollparlament zu machen.

Es nimmt nicht wunder, wenn zu gleicher Zeit bekannt wurde, dass nur 13 Prozent der Bevölkerung das Parlament und die Parlamentarier kennt. Das wird unserer Demokratie nicht gerecht. Und so kommt es, dass nichts mehr in wirklicher Übereinstimmung mit den Interessen des Volkes zu geschehen scheint. Wann eigentlich sind beispielsweise die Entwicklungen, die aus der Diskrepanz der Einkommensbezüge entstehen, zum Gegenstand einer Parlamentsdebatte geworden? Undenkbar, eine solche Debatte.

Dafür treten immer wieder skandalöse Vorfälle in den Vordergrund, die uns allen unzählige Millionen oder sogar Milliarden kosten (Flughafen Berlin Brandenburg), für die aber keiner die Verantwortung übernimmt, Politiker schon gar nicht. Die Nähe zum Volk, zu den Aktionen für das Volk, heißt nicht Nachtrag-Politik, nicht jeder örtliche Kummer kann akzeptiert werden als Volkes Wille.

Es geht nicht anders: Das Volk ist der oberste Herr. Das muss als oberstes Gesetz akzeptiert werden, und sollte nicht auf Gleise geraten, wo aus Verlegenheit vom Wutbürger geredet und somit abfällig geurteilt wird. Heute überwiegen die Abwehrmechanismen, das Volk wird eher als Störenfried gesehen und eher abfällig im Nachhinein behandelt, wie es jetzt mit den Aktionen zu Stuttgart 21 geschieht. Wie längst erkennbar, besteht das größte Versagen dieser durch die parlamentarische Demokratie gestützten Regierung in der Unfähigkeit, die größten Probleme dieses Landes in den Griff zu bekommen. Das sind wohl gerade die immer mehr aufklaffende Spanne zwischen den Armen und den Reichen und auf dem politischen Felde das Erstarken des Rechtsradikalismus, der Neonazis. Das Zaudern, das angstvolle Gehabe im Umgang mit den Rechtsradikalen ist eines der schlimmsten Zeugnisse für das Versagen der bei uns regierenden Macht. Das Dilemma des Verfassungsschutzes ist, genau besehen, das Stigma dieser nicht an den Volksinteressen orientierten Ordnung. Spätere Zeiten werden den Kopf schütteln, wenn sie sich vergegenwärtigen, wie es möglich war, dass mit der jetzigen Regierungskrise ein Land wie das Unsrige regiert werden konnte. (Im Jahr 2012 geschrieben.)

Der Innenminister aber verabschiedet und holt dann sogleich leitende Mitarbeiter nach seinem Gutdünken, verbreitet Befremden (freundlich gesagt) und Unfrieden, hat keine erkennbar feste Position zu den Rechten und wird nirgendwo so richtig ernst genommen. Auch vom Umweltminister wird berichtet, dass er seine Parteifreunde mit Ämtern versorgt. Wer hat sich in dieser Regierung stets so profiliert, dass die Menschen ihm nicht nur höflich, sondern mit Achtung vor der geleisteten Arbeit gegenübertreten? Wer bitte hat sich mal die Frage gestellt, welch eine Lebensqualität garantiert werden kann, wenn nicht ein einziges Mal grundsätzlich untersucht und diskutiert wurde, wie die Lebensqualität und die Zukunftshoffnung jener Menschen ist, die heute als „arm" erfasst werden? Warum klafft denn diese Schere zwischen arm und reich immer weiter auseinander und was bitte muss man dagegen unternehmen? Natürlich leben wir noch in keiner Regierungskrise, aber wir leben in einer mehr schlecht als recht zu bezeichnenden Situation, die nicht den Interessen der großen Mehrheit des Volkes genehm werden kann.

Vielleicht sollte die große Frage, wie man die Kluft zwischen arm und reich beseitigen kann, wie man also vorrangig im Interesse des Volkes wirken kann, zum Gradmesser für die Arbeit der Regierungen werden. Sehr viele Politiker sind seit langem nicht mehr dazu bereit, einfache Dinge vernünftig zu erklären und den Bürgern verständlich zu vermitteln. Sie können es nicht mehr aufgrund der Verstrickungen zwischen Wirtschaft und Politik und sind somit nicht mehr als wirklich unabhängig zu betrachten oder anzusehen!

Dies alles wäre der erforderliche Schritt von einer repräsentativen zur modernen Demokratie. (Im Jahr 2012 geschrieben.)

FREIHEIT MIT SOZIALER GERECHTIGKEIT

JA!
NICHTS IST GUT
DARAN, WENN ES
VIELEN MENSCHEN
IN UNSEREM
VEREINTEN
DEUTSCHLAND
NICHT GUT GEHT!

Prof. Dr. Anneliese Löffler

Breitensport!

Die Olympischen Spiele im Jahr 2012 in London werden zu einem großartigen Spektakel für Eliten des Sports. Vergessen wird der Breitensport, er tritt dabei vollkommen in den Hintergrund. Der individuelle Sport als alltägliche Gewohnheit und der Breitensport bleiben völlig auf der Strecke.

Nehmen wir dafür nur einmal ein Beispiel: Der kleine Ort Bad Wilsnack war zu DDR-Zeiten ein Stützpunkt der Leichtathletik, des Breitensportes bis hin zu den Meisterschaften des Cross und Waldlaufes.

Dort wurden viele Meisterschaften ausgetragen, Siege errungen, Niederlagen mussten verarbeitet werden. Bad Wilsnack war ein anerkanntes Trainingszentrum, ausgestattet einst mit einem sehr schön gelegenen Waldstadion und mit sehr überlegt angelegten und gut gepflegten Wald-Laufstrecken.

Zwanzig Jahre nach der Deutschen Einheit ist dieses schöne Freizeitsportgelände verwahrlost. Auf ein schönes Frei-Schwimmbad warten die Wilsnacker immer noch, obwohl es doch „Bad Wilsnack" heißt.

Eike - Jürgen Tolzien
Auf dieser 100 Meter Aschenbahn lief ich das
erste Mal die 100 Meter unter 12 Sekunden !

Ein Gast der Kurstadt Bad Wilsnack auf der verwahr-
losten 100 Meter Aschenbahn im Waldstadion !

Wilsnacker Waldstadion , linke Seite
vollkommen verwahrlost!

Ruinen auf dem Waldstadion in
Bad Wilsnack!

Welch ein Jammer und was für
eine Schande für Bad Wilsnack!

Ein Kurort ist Bad Wilsnack nach wie vor, aber gleichzeitig blieb ein wunderbares Sportgelände, im Wald angelegt, dabei auf der Strecke.

Dies trifft auch auf das Freizeitschwimmbad „Hubertusbad" in Berlin-Lichtenberg zu. Es bietet sich förmlich an für den Breitensport, aber auch dort geht es nur schleppend voran.

Die jetzige Bürgermeisterin von Berlin-Lichtenberg, Birgit Monteiro (SPD), engagierte sich viele Jahre für dieses Freizeitschwimmbad. Mit Aufrufen an die Bürger und Unterschriftensammlungen versuchte sie alles, um dem „das Hubertusbad" wieder würdigem und sinnvollem Zweck zukommen zu lassen.

Aber auch all ihre Bemühungen, dieses Freizeitbad vor dem Zerfall zu retten, gingen bisher ins Leere. Seit 1991 zerfällt dieses Bad immer mehr. Frau Birgit Monteiro selbst: „Das ist wirklich ein einmaliger Kulturschatz, den wir hier in Lichtenberg haben und es ist nicht vertretbar, dass die Bürger immer noch verschlossene Türen vorfinden, all das ist eigentlich jammerschade."

MODERNE DEMOKRATIE TUT NOT

IN WAS FÜR EINER WELT
LEBEN WIR EIGENTLICH!
IN DER WELT
DER ARBEITSLOSIGKEIT,
DER VERSCHULDUNG, DER KRISEN,
DES MIETWUCHERS, DER LÜGEN,
DER ALTERSARMUT, DES BETRUGES,
DER UNGERECHTIGKEIT UND
FREMDENFEINDLICHKEIT,
DER SPRÜCHEKLOPFER,
DES TEUROS,
DER UNGLAUBWÜRDIGKEIT!
DES IMMER WEITER SO!
SCHON EINMAL
DARÜBER NACHGEDACHT?

Prof. Dr. Anneliese Löffler

WIR SIND DAS VOLK, WIR SIND EIN VOLK!

Zu dem „kleinen Buch der Freiheit" gehört selbstverständlich auch all das, was wir gut finden und was uns in den letzten 25 Jahren der geschenkten deutschen Einheit ans Herz gewachsen ist.

Das große Wort sei gewagt: Ja, wir lieben unser Land. Es ist unsere Heimat, wir sind ihr verbunden, wir möchten, dass sie gedeiht und wir in ihr noch lange in Frieden leben können. In unserem Land, wir wissen es, wird alles getan, um ein Miteinander im friedlichen Sein zu erhalten.

Die für den Menschen wichtigsten Rechte, um sein Leben zu erhalten, sind in diesem Lande garantiert, ein Narr wäre der, der dies nicht zu schätzen wüsste. Dazu gehört die Freiheit der Kritik, die auch für uns verbürgt ist und als Voraussetzung für jegliche weitere Entwicklung gelten kann. Eine kritische Öffentlichkeit wird bei uns geachtet, wer dies nicht tut, erntet keine Lorbeeren. Dies kann als Nährboden für weitere Erfolge angesehen werden. Öffentliche Auseinandersetzungen bieten allen Bürgern die Chance, sich zu beteiligen und mitwirkend einzugreifen. Ganz selbstverständlich steht für jeden denkenden Menschen neben der Freude an einer Politik, die für ein friedvolles Miteinander aller Menschen und Völker eintritt, die Bewältigung der sozialen Belange im Vordergrund.

Über die Hemmnisse in diesem Bereich ist auch hier gesprochen worden, und die Aufmerksamkeit dafür, wie auf diesem Gebiet gelebt, gestritten, gewirkt und entschieden wird, sollte und wird nie erlahmen. Es darf aber mit Fug und Recht gesagt werden, dass für die Lösung sozialer Belange außergewöhnlich viel in unserem Lande getan wird und, dass keiner gezwungen ist, aus Mangel an Nahrung zu verhungern. Das Netz sozialer Leistungen ist so dicht wie kaum anderswo. Der sozialen Gerechtigkeit ein Feld zur Betätigung zu geben, dies ist ein Erfolg dieser Gesellschaft. Wer glaubt, hierfür etwas tun zu müssen, der kann und soll es tun können. Wir leben in einem schönen Land, wundervolle Landschaften, schöne Städte und Dörfer sind in ihm zu finden, überall sind kulturelle, geistige und sportliche Aktivitäten möglich, man kann überall die Nahrung für seine materiellen, geistigen und seelischen Bedürfnisse finden, man kann, wenn man will und mag, die Kontakte zu ungezählten Menschen finden und den lebendigen Austausch pflegen. Wer will und wem es ein Bedürfnis ist, der kann andere Länder besuchen, andere Menschen kennen lernen, Schönheit in aller Welt für sich oder für die anderen entdecken oder er kann nach seinem Bedürfnis die geistigen Zentren und auch Innenräume erkunden. Aber: überall sind der eigene Wille, der eigene Anspruch und die eigene Aktivität vonnöten. Es geschieht nur, was Jeder bewirkt, ja, was er bewirken will und auf den Weg bringt.

Das kleine Buch der Freiheit will niemanden vergessen, denn wir erinnern uns sehr wohl daran, wie für uns alle etwas ganz Neues im Jahr 1989/90 begann. Bürger zeigten plötzlich Zivilcourage, sie wurden mutiger, bildeten öffentliche Foren, trauten sich etwas, trugen Schilder mit Aufschriften, auf denen geschrieben stand „Wir sind das Volk", forderten Meinungsfreiheit, rückten auf einmal näher zusammen, hatten gemeinsame Interessen, sprachen endlich aus was sie wollten, bis hin zu der Forderung „Wir sind ein Volk", mit der dann die deutsche Einheit kam. Auf einmal öffneten sich Welten, ein Ost-Berliner, jung an Jahren, kein Rentner stand, wie selbstverständlich an der Gedächtniskirche in West-Berlin und bot das erste Mal in seinem Leben, woran vorher niemals zu denken war, seine selbstverfasste und herausgegebene Zeitung „Das Blatt" zum Kauf an! Dies ist nur ein Beispiel von vielen, die am Ende aber nur kurze Träume geblieben sind. Für viele Menschen war es ein kurzer Traum der „Freiheit", weil sie urplötzlich wieder in die Wirklichkeit gezogen wurden. Die Bühne des vereinten Deutschlands war schon vorher längst besetzt und es gab nur noch Anschluss, Übergabe oder Übernahme.

Es war ein kurzer Traum von eigener, selbst gedachter und gelebter Freiheit, an den wir uns alle aber immer wieder gern erinnern. Wir alle waren hungrig nach etwas ganz Neuem, etwas was wir uns alle nach langer Bevormundung durch die SED ersehnt hatten, übrig geblieben sind viele unerfüllte Hoffnungen und Träume! Sie leben in uns weiter.

Es kann nur
zusammenwachsen,
was zusammen gehört,
wenn die Biographien
aller Menschen
geachtet und
anerkannt werden!

Prof. Dr. Anneliese Löffler

Auszug aus meinem Tagebuch im Jahr 2012

Monate, Jahre sind vergangen. Selbst bin ich zwar rehabilitiert wegen meiner politischen Haft in der ehemaligen DDR, aber so richtig zu Deutschland gehöre ich immer noch nicht dazu. Als Widerständler gegen eine Diktatur fehlt mir und vielen Ungenannten die Anerkennung immer noch. Nichts ist gut daran. Toll im Jahr 2012: Joachim Gauck wird Bundespräsident! Aber überall treffe ich immer noch auf diejenigen, die das System der ehemaligen DDR so gewollt haben, selbst aber weich in der Deutschen Einheit gelandet sind. Ich sehe aber auch diejenigen, denen das bisher nicht vergönnt war. Ich sehe Menschen, die in der ehemaligen DDR viele andere Menschen zum Doktortitel geführt haben, aber in Wikipedia einen negativen Eintrag haben. Angeblich hätten sie dadurch ihre Karriere auf Kosten anderer gemacht, sie wären ja schließlich als IM geführt worden und hätten damit anderen Kollegen geschadet. Nach dem Motto: Es könnte ja so sein! Man könnte davon ausgehen, um dann an den Pranger zu stellen!!!

MAHNMAL DER OPFER
DES STALINISMUS

Dieser Gedenkstein ist eine
Mahnung „Erinnerung und
ein Gedenken an die Opfer
und Widerständlern , die der
politischen Verfolgung in
der Sowjetunion sowie der SBZ
und der DDR ausgesetzt waren.

ALS SINNBILD DES
AUFRECHTEN ERINNERNS
UND
GEDENKENS WERDEN
AN DIESEM
GEDENKSTEIN
WEISSE ROSEN
NIEDERGELEGT!

*Zum aufrichtigen und ehrlichen Gedenken an
diesem Stein werden weiße Rosen niedergelegt.*

*Eike-Jürgen Tolzien und
Prof. Dr. Anneliese Löffler
(Die Paten des Gedenksteins)*

Mahnwache am Gedenkstein Januar 2015

Dann tönt es bloß noch: „Halte dich mal ein bisschen zurück, lehne dich mal nicht zu weit aus dem Fenster oder weißt du etwa nicht mehr, was damals beim Pilze sammeln gewesen ist!"

Die Lebensleistung mancher Menschen zählt seit der Deutschen Einheit nichts mehr, was bleibt, ist das Kürzel IM sowieso! Horch oder Schweig sind also immer noch aktiv und tätig! Da gibt es Mitmenschen, die noch Rechnungen offen haben mit anderen Mitmenschen. Obwohl ein Mensch aus der ehemaligen DDR schon vor langer Zeit gestorben ist, soll sich das Volk nun seiner Lebensleistung nicht mehr gern erinnern, gefeiert wird er nicht, weil er nach der Machtergreifung der Nazis später 1940/41 auch in den 2. Weltkrieg mit hineingezogen wurde. Obwohl der Mensch beliebt war und seine Werke in 38 Sprachen erschienen.

Zu seinem 100. Geburtstag bleibt von seinem Lebenswerk nur noch eine kleine Erinnerungsstunde in Spremberg und üble Nachrede übrig. Er wäre ja in der schlimmsten und grausamsten Zeit, die Deutschland erlebte, 1941 (angeblich) freiwillig ein SS-Mann geworden.

Mein Tagebuch 2012 sagt dazu: Was war nach der Machtergreifung der Nazis überhaupt noch freiwillig? Während meiner politischen Haft in Bützow-Drei-Bergen hatte ich nur den einen Wunsch und Traum, es möge doch endlich mal ein Ende damit haben, dass Kommunisten Kapitalisten verfolgen oder Kapitalisten Kommunisten! Schluss damit!!!

Erst werden die einen verfolgt, dann die anderen, um daraufhin die nächsten zu verfolgen und wiederum an den Pranger zu stellen. Kein Mensch, der jemals geboren wurde, konnte sich die Zeit und die Epoche aussuchen, in die er hineingeboren wurde. Wir, die Generation der Nachkriegszeit, können uns glücklich schätzen, dass von Deutschland seit 1945 nie wieder ein Krieg ausging.

Traurig ist, dass es immer noch Menschen gibt, die nicht damit aufhören können, andere Menschen an den Pranger zu stellen, nur weil sie in einer Zeit leben mussten, in der es keinerlei Freiheit und Freizügigkeit gab. Selber genießen sie heute gerne die Freiheit, hatten aber nicht den Mut, in der DDR gegen die Unfreiheit aufzutreten oder aufzubegehren. Sie werfen zum Beispiel Erwin Strittmatter vor, er hätte sich den Nazis angebiedert, vergessen nun aber gleichzeitig, dass sie sich selbst in der Diktatur der DDR angebiedert haben. Sie schreiben und urteilen über Erwin Strittmatter und sorgen damit dafür, dass er nun nicht mehr öffentlich gefeiert wird in Spremberg, selbst aber lassen sie sich heute gerne feiern, wenn Sie nun ihr Buch in der Freiheit schreiben und vorstellen dürfen! Aufarbeitung selbstverständlich – an den Pranger stellen NEIN!

Eike-Jürgen Tolzien

Aus christlicher und sozialer Sicht

Politik schadet uns allen, wenn sie mit fehlender Verantwortung und Hochmut verbunden, mit Überheblichkeit vorgenommen wird und nur für den Augenblick gedacht ist.

Politisches Handeln ohne jegliche Nachhaltigkeit ist sinnlos. Nicht wohl durchdachte Konzepte sind unchristlich/unsozial!

Zumal dann, wenn dabei nicht einmal an morgen gedacht wird, sondern nun alles nur für den jetzigen Augenblick gilt und wenn Menschen neben uns dabei nur einfach mal so vergessen werden.

Es wird nur noch für den Augenblick gelebt. Es sind keine vernünftigen Ziele mehr zu erkennen hinsichtlich der Erhaltung allen Lebens auf unserer Erde.

Es wird einfach drauflos gelebt, auf Kosten der nach uns kommenden Generationen. Jegliches Augenmaß geht dabei verloren. Und wie gehen wir Menschen dabei schon wieder miteinander um.

Menschen werden einfach mal so an den Pranger gestellt. Es ist ja schon wieder so einfach geworden. Es wird davon nicht einmal abgehalten. Es wird einfach schon wieder so hingenommen. Diskussionen, Aufklärung, Wahrheitsfindung, Gerechtigkeit, Aufrichtigkeit, Schutz der Würde eines Menschen, wo findet das noch statt? Wo ist das noch präsent?

Irgendwas wird von einem Menschen in das Internet gestellt und dann darf sich jedermann über diese Person dort so richtig austoben und auslassen. Was ist daran christlich, sozial? Was ist das für eine Kultur in dem Land der großen Dichter und Denker? Was ist daran noch demokratisch und würdevoll?

Schön weit weg vom Schuss und dann immer drauf auf denjenigen, der sich nicht einmal dagegen wehren kann. Storys werden einfach erfunden. Es könnte ja so oder so gewesen sein. Man könnte davon ausgehen. Es ist zu vermuten. Man könnte ja annehmen, dass es so oder so war! Typisch deutsch!

Jeder glaubt mittlerweile, dass er über einen anderen etwas weiß. Nicht mit dem anderem reden, aber im Internet über den Betroffenen herziehen in übelster Art und Weise. Was ist das für eine armselige Kultur!

Mit dem Betroffenen persönlich reden und sich auseinandersetzen, dann aber kommt auf einmal gar nichts mehr! Wenn es dann ernst wird, jemand schwarz auf weiß etwas zu Papier bringen soll als Beweis, dann wird gekniffen. Es wird einfach etwas behauptet, aber nichts bewiesen.

Und wenn Menschen, die andere öffentlich im Internet an den Pranger stellen, aufgefordert werden, nun doch als erster den Stein zu nehmen, um diesen auf die betreffende Person zu werfen, traut sich auf einmal keiner! Sie wissen wohl, dass sie selbst auch nicht ohne Fehl und Tadel sind!

Aber sie bleiben trotzdem weiterhin dabei, andere an den Pranger zu stellen, wie das im frühen Mittelalter gang und gäbe war, und die Plattform dafür bietet nach wie vor das Internet. Und dies wird nun versucht, den Bürgern als Freiheit, christlich-sozial und als Gerechtigkeit für jedermann hinzustellen und zu verkaufen!

Wir Wähler schreiben an unsere gewählten Bundestagsabgeordneten, Minister, Volksvertreter, mit dem Ergebnis, dass uns nur 10 Prozent darauf eine Antwort geben oder keiner. Ist das etwa christlich-sozial und bürgerfreundlich?

Der Frauentag
sollte zu einem
besonderem Tag

für alle Frauen
werden!

Eike-Jürgen Tolzien

"Am 13. Mai

ehren wir

alle gemeinsam

einen ganz

besonderen

Menschen

Unsere Mütter".

Eike-Jürgen Tolzien

Wo bleiben die Vorbilder für junge Menschen?

Für Kinder, Jugendliche, fast Erwachsene gilt von Beginn an: Noch schneller, weiter, höher, besser. Die Vermittlung von Werten bleibt dabei mehr und mehr außer Acht.

Junge Menschen lernen nicht mehr, weil sie Freude am Lernen haben, sondern sie lernen unter ständig anhaltendem Leistungsdruck mit Auflagen und Zensur.

Ob junge Menschen beispielsweise ein Abitur oder einen Hochschulabschluss für ihre späteren Wünsche und Träume benötigen, dass zählt oft nicht mehr. Spiel, Spaß und Sport bleiben bei dieser jungen Generation auf der Strecke. Es geht nur noch um beste Noten und jeder will der Beste sein.

Dies alles schon in sehr jungen Jahren und somit auf Kosten der Gesundheit. Wer nicht gut genug ist wird einfach aussortiert. Viele werden unter diesem ständigen Leistungsdruck entweder krank oder zu „Versagern", es hinterlässt auf jeden Fall bei vielen jungen Menschen bleibende Spuren.

Da wird einfach mal so über die Verhältnisse gelebt. Folgen eines trügerischen Wohlstandes sind dann die Schulden, der Vater Staat geht mit gutem Beispiel voran mit nachhaltiger Schädigung der Umwelt, eine Krise nach der anderen und ist somit in der derzeitigen Zeitepoche prägend!

Mit anderen Worten: ein grenzenloses „immer weiter so" ist jeden Tag angesagt.

Die Politik entfernt sich immer mehr von Glaubwürdigkeit, Gerechtigkeit, Friedfertigkeit, Gewissenhaftigkeit, und so kann diese Zukunft nicht dem Gemeinwesen und den in ihr lebenden Menschen dienlich sein.

Die Nachrichten beginnen mit Patriot-Raketen und enden mit einem Bericht über Drohnen, das bedeutet Krieg! Die Politik hat sich von den Bürgern abgekoppelt und hofft nur noch alle vier Jahre auf den Segen der ahnungslosen stimmabgebenden Wähler.

Von verantwortlicher, gemeinsamer Gestaltung ist gar keine Rede mehr. Unsere Mutti da oben, die wird das schon machen, und so verhält sich auch das Volk, denn es reichen ja schon drei bis vier einlullende Sprüche von ihr und schon verschwinden sie alle wieder brav, lieb und artig in ihren Nischen. Obwohl die Nischen umgarnt sind von Krisen, Schulden, Gier nach mehr, von der Selbstsucht, was vom Kuchen haben zu wollen, noch eine Schrottaktie, Leben auf Kosten anderer in einem großen Meer der Unverantwortlichkeiten.

Was sind das für Hinterlassenschaften für die nach uns kommenden Generationen. Wir hinterlassen ihnen so viel Schrott und Müll, der nach Tausenden von Jahren immer noch die Umwelt vergiftet oder verstrahlt, hinterlassen wird dies aber von gierigen hochmütigen und gewissenlosen Zeitgenossen, die ihre Macht zum Schaden unserer Menschheit, des Gemeinwesens und der Mutter Erde missbrauchen.

Wie trügerisch und unchristlich!

Eike-Jürgen Tolzien

Auf dem richtigen Weg bleiben

Von Prof. Dr. Anneliese Löffler

Die Fragen bleiben, täglich tauchen neue auf und wir sind gezwungen, uns diesen Forderungen zu stellen. Manchmal mag es scheinen, als würden uns die Ereignisse zwingen, vor der Gewalt eines blind wirkenden Schicksals in die Knie zu gehen.

Unsere Ausführungen dienen einer Haltung, die eben dies verneint. Der Mensch schafft sich sein Schicksal selbst, und wenn wir uns genau vor Augen führen, was eigentlich geschieht in der Welt und was da in unserem Namen oder ohne unser Einverständnis vor sich geht, dann sind wir schon dabei, dem richtigen Dasein eines wirklich freien Menschen in einer freien Welt zu seinem Recht zu verhelfen. Von der Politik dürfen wir erwarten, dass sie sich als dienstbar dem Volk gegenüber begreift und nicht als ein Instrument, das sich einmal in einer langen Wahl-Periode vom Volk bestätigen lässt und dann weiter eigenmächtig verfolgt, was fernab von den allgemeinen Interessen als politische Linie verstanden und propagiert wird.

Die parlamentarische, repräsentative Demokratie auf dem Papier hat ihre beste Zeit längst hinter sich, heute ist sie oft genug eher ein Hemmnis als ein brauchbares, dem rasanten Lauf der Ereignisse wirklich entsprechendes Instrument. Massenhaftes Engagement und die Qualität der Nutzung des Internet haben längst dazu geführt, dass sich das Volk seiner Handlungsspielräume immer bewusster wird und auf diesem Weg zu hantieren beginnt.

Nicht zufällig ist es, dass der Missmut der um ihre Rechte kämpfenden Massen sich zuerst gegen die Repräsentanten einer politischen Haltung richtet, die an den Volksinteressen vorbei handeln zu können meint. Die moderne Demokratie geht den umgekehrten Weg. Sie will die Beteiligung an der Analyse und an der Aktion und sie verlangt von den Politikern, dass sie nun diesen schweren Weg der Erkenntnis und der Handlungsfähigkeit samt der anschließenden Aktion mit den Volksmassen geht. Wir schrieben, weil wir diese Position vor Augen hatten und haben und wir wollen, dass wir gemeinsam die dafür nötigen Haltungen und Instrumente finden.

Der Gedanke, in einem der Ausschüsse bzw. Unterausschüsse des Bundestages zu landen und dort dem üblichen Gewäsch vor einem kleinen Kreis von Abgeordneten, die gerade nicht zu müde sind, dem absurden Hin und Her von Position und Opposition zu folgen, könnte zu Angstträumen führen.

Die Entscheidungen sind längst schon vorher gefallen, das weiß ein jeder, und in eben diesen Entscheidungsraum stellen wir uns mit unseren Gedanken und Hinweisen. Das ist und wird das Ergebnis unserer Ausführungen sein. Der Kapitalismus in seiner jetzigen Form ist nicht das Allheilmittel dieser, unserer Welt. Auch er stößt längst an seine Grenzen. All das in sehr langer Zeit gewachsene Soziale bleibt Schritt für Schritt auf der Strecke und damit auch das Interesse vieler Menschen, was aber zum Schaden der von allen herbeigesehnten Freiheit ist! Na dann packen wir es mit der erforderlichen Kraft und dem Mut gemeinsam an!

„Berliner Kreis" Berlin, den 04.07.2012 (A.L.)

Aus meinem Tagebuch vom 12.01.2013

Ich mache mich auf zur Gedenkstätte der Sozialisten und dem Gedenkstein für die Opfer des Stalinismus in Berlin-Lichtenberg. Es ist sehr kalt. Auf meinem Weg dorthin kaufen viele Menschen rote Nelken. Um zehn Uhr erreiche ich die Gedenkstätte. Gehe zum Mahnmal der Sozialisten und lege dort eine Nelke ab für alle dort ruhenden Persönlichkeiten. Dann begebe ich mich zum Gedenkstein der Opfer des Stalinismus und stelle mich schützend daneben. Um den Gedenkstein herum hat Frau Vera Lengsfeld überall namentlich genannte Personen auf Zetteln postiert. Neben ihr steht ein junger Mann mit einem Schild um den Hals: „Lieber weg mit Kommunismus als Weg zum Kommunismus!" Dies an einem Tag der Trauer und des Gedenkens an alle Menschen, derer an diesem Tag gedacht wurde. Überall sind Polizisten postiert. Frau Vera Lengsfeld wird aufgefordert, die politischen Proklamationen wieder zu entfernen. Unter Protest kommen ihre Mitstreiter dem nach. Sie bleiben nicht weiter da und entfernen sich. Es braut sich etwas Neues zusammen. Eine Grup-

Sozialistenfriedhof Berlin!
Frau Professor Dr. Anneliese
Löffler legt eine Nelke ab !

Geschändete
Gedenkstätte
Januar 2012 in
Berlin - Lichtenberg!

pe von ca. 80 Personen hat sich an der Seite
zusammengefunden. Viele haben ihr Gesicht
mit Tüchern vermummt. Nach einer Weile tun
sie so, als gingen sie zur Gedenkstätte. Plötzlich aber kehren sie um und postieren sich in
der Nähe des Steines. Dann grölen sie los:
„Stalin, Stalin, Lenin, Lenin gegen Faschismus
– Stalin" usw. Die Polizisten aber schreiten
sofort ein, bilden eine Kette und drängen die
immer weiter brüllende Menge langsam ab. Es
kommt zum Gerangel und Geschiebe, viele
haben Angst, einige rufen: „Haut ab!" Ein anderer ruft: „ Auf Wiedersehen, auf Wiedersehen!" Nach einer Weile lassen die Vermumm-
ten vom Vorhaben ab, den Gedenkstein zu
schänden. In dieser Situation stelle ich mich
mit vielen anderen schützend um den Gedenkstein der Stalinismus-Opfer! Ein Stein des täg-
lichen Anstoßes!

Ein Mahnmal, das seine Berechtigung dort
hat!

Ein junger Mann mit einem Kind auf den
Schultern näherte sich dem Gedenkstein. Vor
dem Gedenkstein ging er in die Hocke und
nahm dabei das Kind von seinen Schultern. Er

spuckte auf den Stein. Dann redete er immer wieder auf das kleine Kind ein, es solle auf dem Kranz hinter dem Gedenkstein herum trampeln. Das Kind wollte das aber nicht. Nach einer Weile ließ der Mann von seinem Vorhaben ab.

Nun kamen zwei ältere Frauen, und gleich ging es los: Der Stein muss hier weg. Ich stimmte den beiden Frauen sofort zu und bat sie, mir dabei zu helfen, den Stein umzusetzen und zwar auf die Fläche des Mahnmales der Sozialisten, die teilweise auch Opfer von Gewalt und Terror geworden sind. Ich sagte noch, dann sei der Stein doch von dieser Stelle weg und befindet sich in der Gemeinschaft vieler Opfer von Gewalt und Terror. Das gefiel den beiden Frauen nicht und sie gingen wieder.

Nun wurden sie abgelöst von einem Mann, der sich über diesen Gedenkstein empörte und ihn als eine Provokation hinstellte. Nach einem langen Wortgeplänkel bat ich diesen empörten Mann darum, Würde, Achtung, Ehrgefühl, Mitgefühl zu bewahren und mit mir gemeinsam im nächsten Jahr an der Gedenkstätte der Sozialisten, am Stein der Opfer des Stalinismus und am Mahnmal der Opfer der Kriege jeweils eine Blume niederzulegen. Ich bat um Ruhe, Frieden und Verständnis und um die Achtung vor den Toten, da es für uns Widerständler gegen das Unrecht eine Selbstverständlichkeit ist, aller Menschen an diesem Tag zu gedenken, die infolge ihres geleisteten friedlichen Widerstandes aus politischen Gründen ihr Leben lassen mussten oder umgebracht wurden. Wir gingen in Frieden. Die Ruhe ward nicht mehr gestört! Schade, dass Frau Vera Lengsfeld sich nicht auch mit schützend neben diesen Gedenkstein gestellt hat!

Eike-Jürgen Tolzien

Stellvertretend für den Schriftsteller

Erwin Strittmatter

wurden am 15.01.2012 an dem

Gedenkstein

der Opfer des Stalinismus

Berlin- Friedrichsfelde

Blumen niedergelegt.

Berliner Kreis Berlin , den 15.01.2012

Professor Dr. Anneliese Löffler

Eike - Jürgen Tolzien

DEN OPFERN DES STALINISMUS

Berlin - Friedrichsfelde Januar 2012

MAHNMAL DER OPFER
DES STALINISMUS

Dieser Gedenkstein ist eine
Mahnung, Erinnerung und
ein Gedenken an die Opfer
und Widerständler, die der
politischen Verfolgung in
der Sowjetunion sowie der SBZ
und der DDR ausgesetzt waren.

ALS SINNBILD DES
AUFRECHTEN ERINNERNS
UND
GEDENKENS WERDEN
AN DIESEM STEIN
WEISSE ROSEN
NIEDERGELGT!

Prof. Dr. Anneliese Löffler
Eike-Jürgen Tolzien

„Der bessere Weg ist das Ziel"

Dieses „Kleine Buch der Freiheit" ist ernst gemeint, soll zum Nachdenken anregen, Veränderungen herbeiführen, zumal es dazu noch mit einem freundlichen Lächeln auf den Lippen geschrieben wurde. Es soll auf den derzeitigen Zeitgeist der stetigen Veränderungen treffen.

"Wir haben dem Volk aufs Maul geschaut" und alle Leser sollen sich persönlich angesprochen fühlen nach dem Grundsatz: Dies geht auch mich persönlich etwas an, schon morgen könnte dies alles auch auf mich zutreffen.

Es geht um eine unaufhörliche Wende in allen Bereichen unseres Lebens, dies national, international, global, weltweit! Also nicht nur "Wir sind das Volk" oder "Wir sind ein Volk", sondern: "Ihr Völker dieser Welt habt die gemeinschaftliche Verantwortung für all das, was die Menschengemeinschaft weltweit mit der Mutter Erde und vielen Menschen anrichtet." Für unser Erbe, unsere „Mutter Erde" sind wir alle gemeinschaftlich aufgefordert, täglich allem entgegenzutreten, was der Menschheit und dem Leben auf unserer Erde die Freiheit nimmt. Geschrieben mit Herz und Verstand, um damit jedem Leserin ein freundliches Lächeln zu entlocken mit dem wir sagen möchten: Das gefällt uns! Dieser Text ist auch ein Buch für die Menschengemeinschaft mit den vielen Schichtarbeitern, Brummi-Fahrern, Stammtischpolitikern, für jede Familie - denn irgendwie steckt doch in uns allen ein sehr rechtsbewusster Mensch!

Schauen wir einmal!

Eike-Jürgen Tolzien

DER KLEINE UNTERSCHIED!

IMMER NOCH?

*EINHEITLICHE RENTEN 2015 – NACH 25
JAHREN DEUTSCHE EINHEIT!*

*WAREN SO KLEINE HÄNDE,
HABEN SO VIEL GESCHAFFT,
HATTEN SO SCHNELLE FÜSSE,
DENEN FEHLT HEUTE DIE KRAFT,
WAS IHRE OHREN AUCH HÖRTEN,
HABEN DARAN GEGLAUBT,
HABEN DEN MUND GEHALTEN,
WENN AUF SAND GEBAUT.*

*DURFTEN NICHT ALLES SEHEN,
WAR DOCH NICHT ERLAUBT,
IHRE SO KLEINEN SEELEN,
HABEN AUF EUCH VERTRAUT,
ZEIGTEN STETS RÜCKGRAT,
LERNTEN SO DAS AUFRECHT GEHEN,
NUR POLITIKER OHNE RÜCKGRAT,
KÖNNEN DAS NICHT VERSTEHEN!*

GLEICHE RENTEN
IN OST UND WEST - JETZT!

IM OKTOBER 2015!
25 JAHRE DEUTSCHE EINHEIT!

Prof. Dr. Anneliese Löffler
Eike-Jürgen Tolzien

WILLY BRANDT 1990:
"NUN WÄCHST ZUSAMMEN, WAS
ZUSAMMEN GEHÖRT!"

Das war der Wunsch von Millionen.

Ist dies wirklich geschehen? Wir erinnern uns an so vieles, was uns versprochen wurde, wenn man um die Gunst des Volkes warb. Gut im Gedächtnis blieb: "WIR WÄHLEN DIE FREIHEIT". Oder an die ebenso bekannten Worte von Helmut Kohl, der den Menschen in den neuen Bundesländern " blühende Landschaften " versprach, und dass es keinem wird schlechter gehen, sondern allen besser.

Oder man bedenke, dass die endgültige Teilung Deutschlands, der Bau der Mauer, erfolgte, obwohl vorher von Ulbricht verkündet worden war: "Niemand von uns hat vor, eine Mauer zu bauen."

Aber gerade solche einschneidenden Aussagen sind unmittelbar verknüpft mit Verantwortung, Glaubwürdigkeit und Gerechtigkeit und bilden die Grundlage für ein wirkliches Zusammenwachsen.

Verantwortung gegenüber den Menschen, die 1990 die Freiheit wählten.

Glaubwürdigkeit gegenüber den Menschen, dass es keinem schlechter, sondern allen besser gehen würde.

Gerechtigkeit gegenüber jedem Menschen, der der Bundesrepublik im Vertrauen gegen Vertrauen beigetreten ist.

Nur so kann von einem "Nun wächst zusammen, was zusammen gehört." gesprochen werden. Diese Worte gehören zu den wichtigsten Aussagen des Einigungsprozesses. Durch sie wurde die Phantasie sehr vieler Menschen nachhaltig geprägt. Vielleicht gehört gerade dieser Ausspruch zu jenen wichtigen Worten, die eben dann, wenn über sie nachgedacht wird, die Lust am kritischen Fragen wach zu halten vermögen.

Heute, nach zweieinhalb Jahrzehnten deutscher Einheit, wird mehr denn je darüber nachgedacht, ob einerseits nicht zu leichtfertig, zu früh ein solcher Tatbestand fixiert wurde und ob es wirklich möglich und denkbar ist, dass der ganze Vorgang, einer neuartigen gesellschaftlichen Situation gerecht zu werden, so schön glatt vor sich gehen kann.

Der thüringische Ministerpräsident Bodo Ramelow erklärte bei Amtsantritt, dass man prüfen müsse, was am Einigungsprozess wirklich geschafft wurde und was noch geleistet werden muss. Zudem zwingt uns das gesamte Weltgeschehen seine Gesetze auf - und wer sieht nicht, welch gewaltigen Veränderungen just im Augenblick die Welt in Atem halten. Wir haben uns oft von Augenblick zu Augenblick auf neuartige Begebenheiten einzustellen, und wir haben keine Chance, einfach zu sagen: "Wir halten uns hier heraus."

In dieser Situation ist es wesentlich, sich an Prinzipien zu halten, die uns ein guter Kompass sind und die auch unser eigenes Verhalten auf die Probe stellen können.

Oberstes Gesetz ist es, dem Prinzip der Freiheit zu folgen und Gerechtigkeit und Verantwortung dem beizuordnen. Und jeder neue Beweis, der Betrug ans Tageslicht bringt, sollte uns Ansporn sein, solches Verhalten ohne Rücksicht zu ahnden, und bittere, aber heilsame Wahrheit sollte sein, sorgsam aufzuspüren, wo überall noch ein solches Verhalten eingerissen ist, wo betrogen wird oder wo, in größerem Zusammenhang sodann, leichtfertig Handlungen und Eingriffe im Mantel leichtfertiger und fehlerhafter Aussagen versteckt werden, dass viele Menschen blind das Vorgegaukelte sich zu eigen machen.

Gerade jetzt, wo eine sehr hohe Zahl von Menschen neu in unserem Land leben will, müssen wir unsere Werte wie unzerstörbare Male bewahren und sie vor Zersetzungen hüten. Wenn wir den Begriff der Freiheit als oberstes Gesetz in den Raum stellen, so heißt das vor allem, deutlich zu machen, was die Grundlage unseres Handelns und Denkens ist: Jeder soll, darf und muss darauf bauen können, seine Taten und sein Denken in seiner Verantwortung bestimmen zu können, zum Besten für sich - aber auch wissend, dass die Existenz des Menschen neben sich (und der Vielen in unserem Land) immer in seinem Blick bleibt. Das "Ich" und das "Wir" gehören in dieser Verflechtung zusammen. Und der Wille nach Gerechtigkeit wird ebenso ein solcher Leitfaden sein, nicht anders ist unsere Ethik zu bestimmen.

Die Menschen der neuen Bundesländer wählten 1990 die Freiheit. Daraus ergibt sich die Verantwortung für die politischen Entscheidungsträger. Von diesem Augenblick an bestand die Verpflichtung gegenüber diesen Menschen, verantwortungsvoll zu handeln und zu entscheiden. Dies ist die Grundlage für die Glaubwürdigkeit der Worte, dass es keinem schlechter, sondern allen besser gehen wird, dass keiner bevorzugt oder benachteiligt wird. Dem schließt sich die Pflicht zur Gerechtigkeit gegenüber jedem Einzelnen an, und dass die Menschen, die die Freiheit wählten, in dieser nun gewählten Freiheit nicht schlechter gestellt werden als jene, denen es schon vorher vergönnt war, in Freiheit leben zu können.

Nur dann werden wir alle dem gerecht, was Willy Brandt mit seinen Worten "Nun wächst zusammen, was zusammen gehört!" mit Verantwortung, Glaubwürdigkeit und Gerechtigkeit zu verwirklichen uns hinterlassen hat.

Eine Politikerin soll hier genannt sein: die SPD-Politikerin Regine Hildebrandt (1941-2001). Sie machte sich stark für die Menschen und dies tat sie stets bürgernah und sehr couragiert.

Ein Mann aus Brandenburg wurde ungerecht behandelt. Er fuhr nach Potsdam und ging zur Brandenburger Landesregierung zum

Büro der damaligen Sozialministerin Regine Hildebrandt.

Dort wollten ihn die Angestellten zunächst abweisen.

So wurde es nun am Hauseingang der Landesregierung sehr laut. Der Mann ließ sich aber nicht abweisen!

Auf einmal ging eine Tür auf und Regine Hildebrandt erschien auf der Bildfläche.

"Was ist hier los?" rief sie laut und stimmgewaltig. Es hieß, der Mann wolle sich beschweren.

Regine Hildebrandt rief nur noch: "Er soll zu mir rein kommen!"

Nach einer Stunde ward dem Manne geholfen. Er fuhr zufrieden und in seiner Sache mit "von oben" mit Gerechtigkeit versehen wieder nach Hause.

Mit Verantwortung - Glaubwürdigkeit und Gerechtigkeit setzte sich Regine Hildebrandt persönlich für diesen Bürger ein.

Das ist ein unbürokratisches, beispielgebendes und mit Leben ausgefülltes demokratisches Handeln.

Prof. Dr. Anneliese Löffler

Freiheit und Demokratie

Zu „Unrecht verfolgte Menschen schlafen nicht - sie schlummern nur" - sie leben in uns weiter.

Es gibt auch nach 1945 viele grausame Willkürakte gegen Menschen, die für Freiheit und Demokratie eintraten.

Eine davon ist „Edeltraut Eckert" mit „Jahre ohne Frühling", deren Lebensweg das andere Gesicht der Deutschen Demokratischen Republik ganz deutlich zeigt. Edeltraud Eckert kam wegen des Besitzes von Flugblättern mit der Aufschrift „Freiheit und Demokratie" im Alter von zwanzig Jahren 1950 von Potsdam aus für 25 Jahre in ein Arbeitslager.

Ihre Aufzeichnungen, Gedichte und Briefe aus dieser Zeit wurden in der Folge als „Die verschwiegene Bibliothek" herausgegeben. Die Texte bezeugen, wie gegen viele unliebsame Menschen in der DDR vorgegangen wurde, nur weil sie eine demokratische Überzeugung vertraten.

Die noch sehr junge Autorin wurde eingekerkert und kam infolge eines schweren Arbeitsunfalls während der Zwangsarbeit ums Leben.

Ihre Texte sind feinsinnig, lebensbejahend und anrührend, immer nach Nähe zum anderen Menschen strebend. Dieses Buch ist kein Bestseller bei Anbietern. Aber mit dieser Rezension soll an all die Grausamkeit von damals erinnert werden, damit sie nicht in Vergessenheit gerät. Es geht dabei auch um das Schweigen derer, denen es heute gut geht, die aber zu DDR-Zeiten gegenüber solchen Verfolgungen und Grausamkeiten gleichgültig waren und diese Haltung bis heute beibehalten. Oftmals kommt nach einer läppischen Entschuldigung nur noch heiße Luft. Man ist versucht, wieder mal an Bodo Ramelow, Ministerpräsident in Thüringen zu denken.

Zeitzeuge: Unter anderem auch das Leben des Autors dieses Buches und vieler anderer politisch Verfolgter „ist ein dunkles Lied." Gerade ihn hat dieses Buch von Edeltraud Eckert ganz besonders bewegt. Der Autor selbst hat, unter anderem, Zettel und Flugblätter angefertigt mit Aufschriften wie Freiheit, Demokratie, freie Wahlen, Ulbricht muss weg usw. Im Gegensatz zu Edeltraud Eckert hatte er aber damals einen Schutz-Engel zur Seite. Vielen wird heute vorgeworfen, dass sie nicht zu ihrer Vergangenheit stehen/standen. Seien es Erwin Strittmatter, Günter Grass und viele andere. Wer aber zu seiner DDR-Vergangenheit steht, wird wiederum heute oftmals von vielen übergangen, gedemütigt, verleumdet, zurückgesetzt - oder an den Pranger gestellt. Mit dem gleichen Mut wie Edeltraud Eckert, hat auch der Autor gegen die Unfreiheit, fehlende Demokratie in der DDR aufbegehrt und friedlichen Widerstand geleistet. Deshalb finden wir, dass dieses Buch mit zu den wichtigsten Dokumenten über die Zeit in der DDR gehört. Solche mutigen, freiheitsliebenden Menschen, wie unter anderem Edeltraud Eckert, leisteten friedlichen Widerstand in Wort und Schrift gegen die Tyrannei und die Diktatur in der DDR.

Und manche der damals politisch Verfolgten stellen sich heute gern so hin, als seien sie schon immer für die deutsche Einheit gewesen. „Das ist das dunkelste Lied der DDR Vergangenheit"

Eike-Jürgen Tolzien

Auch mich, die Co-Autorin", hat das Buch von Edeltraud Eckert sehr berührt - was für ein sensibler, aufrechter Mensch spricht aus den Zeilen dieser Briefe! Was für ein grausames Geschick. Welche Schuld bei denen, die es herbeiführten.

Professor Dr. Anneliese Löffler

Weitere Literatur zu Edeltraud Eckert:
Hinter Gittern - Ein Mensch. Gedichte. Türmer Verlag.
Vom Leben trennt dich Schloss und Riegel. Das Schicksal einer Dichterin. Langen-Müller Verlag (Jürgen Blunck)
Gerrit zu Hausen: Die Revolution in der Schublade. Verfolgte DDR-Literatur und innere Emigration

„Freiheit braucht Liebe"
Beide gehören untrennbar zusammen!

Noch gut ist uns allen das Jahr 1989/90 in Erinnerung geblieben und auch dieser ganz besondere Tag in der Volkskammer der noch DDR. Da trat er noch einmal an das Mikrofon, der Mielke. Seine Stimme war nicht so gewaltig wie sie gewesen war, es kam kein Prösterchen-Prösterchen über seine Lippen. Zum ersten Mal sprach er eigenartige, ihm fremde, so von ihm nie gehörte Worte.

Er hatte begonnen mit den Worten: Liebe Genossen…

Daraufhin folgte hämisches Gelächter - was ihn völlig aus der Fassung brachte, und so stolperte er weiter: Ich liebe doch, ich liebe doch die Menschen, ich setze mich doch für sie ein … Dem folgte erneut ein allgemeines Gelächter der Abgeordneten, man machte sich lustig über ihn, der einst so vielen Menschen Angst eingejagt hatte.

Warum aber wird dies hier geschrieben! Vor allem politische verfolgte Häftlinge, Opfer der SBZ/DDR-Diktatur und Widerständler gegen das Unrecht in der DDR empfanden dies als einen ganz besonderen Hohn. Gleichzeitig vertrauten sie aber darauf, dass nun all die Abgeordneten der Volkskammer, die Mielke auslachten, aber ihrerseits diese Worte in neuen Umständen doch zur Wirklichkeit bringen würden. Die Widerständler gegen eine Diktatur erwarteten von der neuen Macht, die sich nun „Demokratie und Freiheit" nannte, dass endlich jetzt alles getan würde, um solchen Worten wirkliche Werte zuzuordnen und sie zu realisieren. Aber manchmal, so mag es heute scheinen, warten sie vergeblich darauf.

Die Freiheit wurde wohl gebracht, aber den Werten, die sie auf ein festes Fundament des alltäglichen Lebens stellen würde, wird im Alltäglichen nur sehr wenig Beachtung geschenkt oder gar keine.

Der Liebe, die all dies in sich trägt, begegnet man nur höchst selten, nur zu oft dem Gegenteil. In der heutigen kalten Zeit der Ellenbogengesellschaft und dem Hochhalten der Freiheit um jeden Preis ist die Liebe zur Demokratie der Politik zuzuordnen.

Zudem haben weder die ‚Alten' noch deren Nachfolger den Widerständlern gegen die Diktatur bis zum heutigen Tag die „Freiheitsliebe" geschenkt. Freiheit - ohne Liebe bedeutet, weiterhin in sich selbst gefangen zu sein. Freiheit allein ohne Liebe ist nicht genug! Es gibt zu wenig Freiheit und auch zu wenig Liebe! Politik mit Liebe, Herz und Verstand ist angesagt!

Die Werte von Politik, Freiheit und Liebe sind gestaltbar! Dies bildet die Grundlage unserer politischen Überzeugung und Meinungsbildung. Handeln sie endlich - Liebe zu allen Menschen und vergessen sie dabei keinen.

Eike-Jürgen Tolzien

Verantwortung - Glaubwürdigkeit - Gerechtigkeit

Mit Christian Wulff wurde zum ersten Mal in der Geschichte Deutschlands gegen einen Bundespräsidenten ein Strafverfahren eingeleitet. Das Amt eines Bundespräsidenten ist ein Amt der Würde, verbunden mit hoher Verantwortung. Ein solches Amt ist auch verbunden mit dem umfassenden Anspruch an die Glaubwürdigkeit einer solchen repräsentativen Funktion.

Wie auch der eine oder andere über die ,so genannte' Wulff-Affäre denken mag, entscheidend ist allein, ob unser Rechtsstaat seiner Verantwortung nachgekommen ist, glaubwürdig in jeder Phase gehandelt hat und somit allein der Gerechtigkeit zu dienen verstand. Gerade in diesem Fall hat sich gezeigt, wie unser Rechtsstaat funktioniert, ohne Ansehen einer Person, dass beim Bekanntwerden eines Verdachts auch hier die Staatsanwaltschaft von Amts wegen ermitteln muss.

Dies dient vor allem der hiermit verbundenen Verantwortung, der Glaubwürdigkeit, aber vor allem der Gerechtigkeit. Dies sind Prinzipien, die in einem Rechtstaat zu verwirklichen sind. „Alle Menschen sind vor dem Gesetz gleich", denn es gilt der Gleichheitsgrundsatz und ist zugleich die wichtigste Voraussetzung für unseren Rechtsstaat mit dem Ziel, der Gerechtigkeit Genüge zu tun.

Nachwort

„Das kleine Buch der Freiheit" ist wie ein Wegweiser zu verstehen. Es ist ein aktuelles Büchlein und wurde in Zusammenarbeit mit der Germanistin Professor Dr. Anneliese Löffler geschrieben.

Es soll zu einer fruchtbringenden Diskussion beitragen. Es ist authentisch und trifft den Zeitgeist genau. Solch ein Büchlein dient der Auseinandersetzung mit der Vergangenheit, Gegenwart und Zukunft. Es ist ein Beitrag zur ehrlichen Aufarbeitung und dient der Überwindung der immer noch bestehenden gravierenden Unterschiede zwischen dem Osten und dem Westen Deutschlands.

FREIHEIT bedeutet nicht Verdrängung, Oberflächlichkeit oder: Was interessiert mich mein Tun, Handeln oder Geschwätz von gestern?

FREIHEIT muss allen Menschen von Nutzen sein. Es gibt sie nicht zu dem Preis, dass wir sie benutzen, um selbst fast sorglos zu leben, aber zur gleichen Zeit Millionen Menschen auf dieser Erde hungern müssen, keine

Arbeit haben und nicht wissen, wovon sie leben sollen.

"WIR SIND DAS VOLK"
"WIR SIND EIN VOLK"

Eike-Jürgen Tolzien
(Widerständler gegen die DDR-Diktatur und ehemaliger politischer Häftling der DDR)

Danksagung

Somit danken wir der Bodo Uhse Bibliothek in Berlin-Lichtenberg unter Leitung von Frau Gnausch.

Unser Dank gilt auch dem Kopierladen Filiale Friedrichshain nebst allen Kollegen in Berlin, Frankfurter Allee 72.

Nicht zu vergessen ist der Computerladen in Berlin-Lichtenberg - Am Tierpark mit dem Slogan „Wir sind ihre Freaks", die uns die PC-Programme installierten und zur Verfügung stellten, mit denen wir arbeiten und schreiben konnten.

Dazu gehört auch der Buchladen in Berlin, Frankfurter Allee mit der Werbung „Jedes Buch kostet nur einen Euro"!

Natürlich gehören dazu auch alle Freunde und Bekannten, die uns für dieses interessante Projekt hilfreich Unterstützung gegeben haben.

Lutter & Wegner, Berlin, Gendarmenmarkt, besorgten noch rechtzeitig zwei Flaschen „Scheurebe" für unseren Bundespräsidenten, Herrn Joachim Gauck.

Dankeschön!

Professor Dr. Anneliese Löffler
Eike-Jürgen Tolzien

Autorenporträt
von Eike-Jürgen Tolzien

Der Autor wurde am 27.02.1944 in Wittenberge, an der Elbe geboren.

Eike-Jürgen Tolzien ist der Sohn einer kaufmännischen Angestellten Ruth Tolzien, geb. Hechler, und des Sanitätsrats Dr. Wilhelm Tolzien (ebenfalls stalinistisch verfolgt - 17. Juni 1953). Schon als Schüler geriet er wegen der politischen Inhaftierung seines Vaters selbst in die politische Verfolgung. Er zählt somit zu den verfolgten Schülern.

Aus diesem Grund entschied sich der Autor schon von Jugend an sich nicht der ideologischen Doktrin der DDR unterzuordnen oder zu beugen. Er entschied sich für eine freie politische Meinungsäußerung in Wort und Schrift. Eike-Jürgen Tolzien besuchte die Grundschule in Bad Wilsnack. Anschließend die kaufmännische Berufsschule in Wittenberge und erlernte den Beruf des Lebensmittel-Kaufmanns mit dem erfolgreichen Abschluss im August 1961.

Wegen seiner kritischen politischen Einstellung gegenüber der DDR wurde es ihm, obwohl er schon im Besitz der Reisepapiere war, verboten an dem letzten gemeinsamen deutschen Turn- und Sportfest in Leipzig teilzunehmen. Grund: Die Stasi wollte, dass nur solche Sportler mit westdeutschen Sportlern in Leipzig zusammentreffen die die politischen Interessen der DDR vertreten.

Er begann friedlichen Widerstand zu leisten gegen diesen Unrechtsstaat und die dort fehlende Freiheit. Diese Ereignisse trugen mit dazu bei, dass der Autor in die politische Haft geriet - und das mit allen Konsequenzen: Absonderung, Einzelhaft, „Tigerkäfig", Karzer, Einsperren in einen dunklen Keller - mit den Folgen, seelisch gebrochen zu werden.

Sein Mut, aber weiter Widerstand zu leisten, sich nicht zu beugen, sich nicht unterzuordnen, sich nicht klein kriegen zu lassen, aufzubegehren gegen Unrecht ist ihm trotzdem geblieben.

Sein Wunsch zum Schreiben begründet sich aus der Begegnung mit dem damaligen Rechtsanwalt Erwin Dubiel, der bei seiner politischen Verurteilung im Perleberger Gericht sein „Verteidiger" war. Dieser Rechtsanwalt gab dem heutigen Autor damals zu verstehen: „Wenn ich sie verteidige, so wie das korrekt wäre, verliere ich meine Konzession. Schreiben Sie. Und schreiben Sie alles auf, was ihnen angetan wird."

Nach seiner politischen Haft hat man bei dem heutigen Autor nichts ausgelassen, was eine politische Verfolgung von Andersdenkenden in der DDR zur Folge hatte. Von Berufsverbot bis dahin, keine Arbeit mehr zu erhalten oder ihm stetig bürokratische Hürden aufzubauen.

Schon immer galt sein Interesse der Durchsetzung von Demokratie und Freiheit. Daraus begründet sich auch, sich gemeinsam mit anderen Gleichgesinnten in politische Diskussionen u. a. mit Petitionen und Offenen Briefen einzubringen.

Autorenporträt
von Prof. Dr. Anneliese Löffler

Anneliese Löffler(*07.05.1928 in Folbern) ist eine deutsche Literaturwissenschaftlerin.

Anneliese Löffler ist die Tochter einer Landarbeiterin und eines Landarbeiters/Fabrikarbeiters. Sie besuchte die Grundschule in Folbern/Großenhhain. Anschließend absolvierte sie eine kaufmännische Lehre in Großenhain. Nach erfolgreichem Abschluss dieser Lehre arbeite sie jahrelang in Großenhain in ihrem kaufmännischen Beruf als Bürokraft. In dieser Zeit wurde sie mit vielen anderen jungen Menschen der damaligen Zeit geworben, Mitglied der FDJ zu werden, was sie dann auch tat. Kurze Zeit danach wurde sie Mitglied der SED. Bis 1949 absolvierte sie gleichzeitig in einer Abendschule in Großenhain das Abitur. Anschließend wurde sie dann für ein Jahr zur SED - Landesparteischule in Meißen delegiert.

Während dieser Zeit erkrankte sie an TBC und musste sich deshalb von 1952-1953 in ein Sanatorium in Coswig bei Dresden begeben.

Ende 1953 zog sie um nach Berlin und arbeitete dort als Referentin im Amt für Literatur. Später im gleichen Amt als Oberreferentin, Hauptreferentin und Abteilungsleiterin bis 1961.

1962 kam sie als Aspirantin zum Studium für Literaturwissenschaft an das Institut für Gesellschaftswissenschaften in Berlin/ Bereich Kultur und Kunstwissenschaften.

Dieses Studium schloss sie erfolgreich 1967 mit ihrer Dissertation mit „Magna cum laude" ab.

Von dieser Zeit an war sie bis 1972 zuständig für die Zeitschrift „Weimarer Beiträge" als Chefredakteurin in Ostberlin.

Im Jahre 1972 wurde sie als Professorin an die Humboldt - Universität zu Berlin für den Bereich Neue Deutsche Literatur berufen und dort bis 1986 tätig. Anschließend nahm sie dann eine ordentliche Professur an der Universität zu Halle (Bereich Kulturwissenschaften/ Neue deutsche Literatur) an und lehrte dort bis zu ihrer Emeritierung im Jahre 1988.

Sie ist Autorin und Herausgeberin verschiedener Standardwerke zur Literatur in der DDR.

Seit 1989 ist sie Professorin im Ruhestand und schreibt seit dieser Zeit weiterhin Gutachten, Kritiken, Rezensionen und lektoriert zeitweise auch für Buchautoren.

Hinweis an die Leser

Das Buch ist so gestaltet, dass die Leser gern auf den freien Seiten eigene Gedanken oder eigene Erlebnisse aufschreiben und diese dann an das angegebene Postschließfach senden können.

Diese Leserbeiträge werden dann in einem weiteren Buch mit dem Titel: „Nur so kann zusammen wachsen, was zusammen gehört" veröffentlicht.

Es wird vorab ausdrücklich darauf hingewiesen, dass nur seriöse Beiträge veröffentlicht werden; und sie dürfen keinen fremdenfeindlichen, diffamierenden, beleidigenden oder persönlichkeitsverletzenden Inhalt haben.

Wir bitten als Autoren um zahlreiche Beiträge und sind gespannt auf positive wie auch kritische Reaktionen.

Der Schutz der Autorennamen der Leserzuschriften wird von beiden Autoren garantiert.

Zuschriften bitte AUSSCHLIESSLICH an das folgende Postschließfach senden:
An die Deutsche Post:
Postschließfachnummer 700317, 10365 Berlin
VIELEN DANK!

Quellenhinweise

Für den Essay haben wir als Quellen das Buch von Joachim Gauck „Freiheit. Ein Plädoyer", München, 2012, die Kolumnen von Matthias Horx und verschiedene Artikel in der „Berliner Zeitung", sowie eigene Aufzeichnungen genutzt, die über Jahre hinweg zum Zweck literaturwissenschaftlicher und politischer publizistischer Arbeit angefertigt wurden. Sonstiger Quellennachweis sind die Unterlagen des „Berliner Kreises".

Inhaltsverzeichnis

Impressum

© 2015 by ANTHEA VERLAG
Hubertusstr. 14
10365 Berlin

Fotonachweis: Privatarchiv des Autors

HINWEIS
Die Plakattexte in diesem Buch sind Abschriften, die in der Öffentlichkeit gezeigt wurden.
Da wir eine Vielzahl von Zeitdokumenten an den Bundespräsidenten und an den Deutschen Bundestag gerichtet haben, werden diese in einem gesonderten Band veröffentlicht.

Diese Texte sind Abschriften von verschiedenen Plakaten, die in der Öffentlichkeit gezeigt werden.

ISBN 978-3-943583-39-7